枪炮、经济与霸权

Guns,
Economy and
Hegemony

—

谁在争夺
世界经济的
铁王座

李伯重
韦　森
刘　怡
等著

中国出版集团　现代出版社

杂志的极限何在？

这不是有标准答案的问题，而是杂志需要不断拓展的边界。

中国媒体快速发展20余年之后，网络尤其是智能手机的出现与普及，媒体有了新旧之别，也有了转型与融合。这个时候，传统媒体《三联生活周刊》需要检视自己的核心竞争力，同时还要研究它如何持续发展。

这本杂志的极限，其实也是"他"的日常，是记者完成了90%以上的内容生产。这有多不易，我们的同行，现在与未来，都可各自掂量。

这些日益成熟的创造力，下一个有待突破的边界在哪里？

新的方向，在两个方面展开：

其一，作为杂志，能够对自己所处的时代提出什么样的真问题。

有文化属性与思想含量的杂志，重要的价值，是

"他"的时代感与问题意识。在此导向之下，记者将他们各自寻找的答案，创造出一篇一篇文章，刊发于杂志。

其二，设立什么样的标准，来选择记者创造的内容。

杂志刊发，是一个结果，这个过程的指向，《三联生活周刊》期待那些被生产出来的内容，能够称为知识。以此而论，杂志的发表不是终点，这些文章，能否发展成一本一本的图书，才是检验。新的极限在此！挑战在此！

图书才是杂志记者内容生产的归属，源自《三联生活周刊》一次自我发现。2005年，周刊的抗战胜利系列封面报道获得广泛关注，我们发现，《三联生活周刊》所擅不是速度，而是深度。这本杂志的基因是学术与出版，而非传媒。速度与深度，是两条不同的赛道，深度追求，最终必将导向知识的生产。当然，这不是一个自发的结果，而是意识与使命的自我建构，以及持之以恒的努力。

生产知识，对于一本有着学术基因，同时内容主要由自己的记者创造的杂志来说，似乎自然。我们需要的，是建立一套有效率的杂志内容选择、编辑的出版转换系统。但是，新媒体来临，杂志正在发生的蜕变与升级，能够持续，并匹配这个新时代吗？

我们的"中读"App，选择在内容升级的轨道上，研发出第一款音频产品——"我们为什么爱宋朝"。这是一条由杂志封面故事、图书、音频节目、再结集成书、视频的系列产品链，也是一条艰难的创新道路，所幸，我们走通了。此后，我们的音频课，基本遵循音频—图书联合产品的生产之道。很显然，所谓新媒体，不会也不应当拒绝升级的内容。由此，杂志自身的发展与演化，自然而协调地延伸至新媒体产品生产。这一过程，结出的果实，便是我们的"三联生活周刊"与"中读"文丛。

杂志还有"中读"的内容，变成了一本又一本图书，它们是否就等同创造了知识？

这需要时间，以及更多的人来验证，答案在未来……

李鸿谷

《三联生活周刊》主编

许多读者都曾经翻阅过美国学者保罗·肯尼迪的畅销书《大国的兴衰》，我本人在正式学习国际政治学之前，在高中阶段也读过这本书。《大国的兴衰》的副标题是《1500—2000年的军事冲突和经济变迁》，它把主要大国间的战争和军事冲突作为理解世界历史的一个维度，而战争能力的基础无疑是经济能力。更准确地说，是各国在特定的技术背景之下创造财富，并且把这种财富应用于军事竞争的能力。肯尼迪就是从此视角切入，然后重新梳理整整500年间的世界历史，写得很好看也很精当。

但是大家可能不一定知道，保罗·肯尼迪是一个英国人，以及他为什么要在1987年出版这样一本书呢？其实，其中有一个非常有意思的时代背景，大家都知道，到了20世纪70年代末，冷战已经进入中后期。站在今天的角度，我们会说那个时候的苏联的经济增长，包括它的军事工业，乃至在全世界范围的权势的增长速度，已经开始停滞，苏联开始走下坡路了。但是身处那个时代的人的感受是不一样的。整个20世纪70年代，苏联在国际舞台上处于进攻态势，它的核武器、航天能力，以及陆上常规武力，在20世纪70年代都达到新高峰，包括在非洲、拉丁美洲这些边缘地区。苏联更是跟美国展开了全面竞争，甚至于传统上被认为是苏联短板的海军力量，在20世纪70年代也有了非常明显的上升。当时，美国的政治、军事和学术三界，实际上存在一种广泛的心理焦虑，就是美国到底能不能在跟苏联的战略竞争中，取得最终胜利。或者换一个角度看，美国到底要怎么做才能遏制苏联的这种上升势头？

在那样一个特殊背景下，美国政学两界的高层希望向历史寻求答案，但是美国自身研究战略史和世界史的人才资源是比较薄弱的。所以，他们从英国请了一批有建树的学者到美国的大学授课和任教，顺带也帮助美国人思考和解决此类重大问题。这批学者当中，包括科林·格雷、保罗·肯尼迪，二人有一个共性，就是他们均研究海军历史和海军战略。

大家可能会感到意外，虽然写了这部《大国的兴衰》，但保罗·肯尼迪并不是一位经济学家，他的专长也不是分析全球历史，那么，为什么要把像肯尼迪这样的海军历史学家请到美国去呢？原因就是，美国军政两界实际上是把自身跟苏联之间的全球战略竞争，主要看成是一个海上大国跟一个陆上大国之间的竞争。而作为一个全球海上大国，美国的权力构成，以及这些权力在全球范围的实现形式，实际上是跟之前的英国，也就是不列颠帝国，有许多相似之处。而英国在长达近四个世纪的历史里，多次挫败过以西班牙、法国和德国为代表的欧洲大陆霸权国家对它的挑战。所以，美国在20世纪70年代末、80年代初，也想向英国的海军历史学家取经，请他们来解释海洋强国到底如何才能战胜大陆强国这一重大问题。

而《大国的兴衰》这本书，其实就是保罗·肯尼迪本人对于这个问题的回答。大家重新去翻一翻这本书的话，会发现，虽然它的章节设置主要是以时间作为线索的，并且根据三次工业和科技革命的发生，把全书分成了几大板块。但其实在每一个阶段，最重要的主题还是海洋大国跟大陆国家之间的竞争。

所以，本书主要是以国家作为线索，并且在同阶段选取了具有代表性的海洋和大陆国家：像威尼斯、荷兰、英国、美国，包括日本，它们是历史上的海洋强国的代表；西班牙、法国、德国，则是大陆强国的代表。这些不同类型的国家，在过去500多年当中相继崛起，它们并在一起就构成了世界经济的演化主线。

当然，海洋国家跟大陆国家之间的对抗，是一个经过高度精简之后的框架。大家乍一听，可能会感到不能理解，有读者可能会问，你把美国定义为海洋经济、海洋霸权的代表，说苏联是大陆经济、大陆霸权的代表，但是苏联同时也建立了一支世界第二大的海军。尤其是被归类到大陆霸权一类的、第一次世界大战之前的德国，它跟英国冲突激化，并且最终爆发战争，难道不正是因为德国试图建设一支跟英国同样强大的海军吗？要回答这些问题，就必须进入本书的具体内容。

和《大国的兴衰》一样，本书也把时间起点设定在1500年前后，也就是哥伦布、麦哲伦、达·伽马等欧洲航海家通过地理大发现，把欧洲跟世界其他地区连接起来的时间节点。因为到15世纪末为止，虽然全球范围也存在一定形式的远距离贸易，但是它对世界上绝大部分国家和地区的影响程度，并没有达到非常显著的程度。

我们所熟知的陆上丝绸之路和海上丝绸之路，虽然在古代历史上的某一段时期也曾经繁盛过，但是存在两个重大缺陷：第一，频繁地因为军事冲突而被截断；第二，无论是当时的海船还是骆驼队，单次运载货物的重量都是有限的。商人要想从这种贸易当中获利，他就会尽可能地运载体积比较小、单位价值比较高的商品。简单地说，就是贵重金属和奢侈品。这些东西，只有国家政府或者富人才有兴趣和能力购买，没有办法对主流消费者乃至整个国家的国民经济产生明显影响。

在今天，一个国家进出口商品总量最多的除了粮食和原材料，基本上是平价的工业制成品，例如衣服、鞋子、玩具、手机等，这些东西是可以创造非常大的进出口贸易总量的。从来没有听说过哪个国家的进出口贸易额的70%是由玛莎拉蒂跑车和LV包组成的。放在古代，情况也是如此。当然，在当时的欧洲，的确有一些城邦国家依靠从事贸易，已经积累起了一定的财富，比如意大利的威尼斯和德意志的汉萨同盟，但这类贸易大体上是比较区域性的，比如局限在地中海、北海或者波罗的海，这跟地理大发现之后的情况区别非常大。

那么，地理大发现对于世界经济造成的最突出影响是什么呢？应该说，它让生产的性质和规模发生了决定性的变化。在中世纪乃至更早的时代，人们不可能对大宗平价商品做远距离运输和销售，比如，粮食、布匹生产出来之后，除了在本地市场出售，其他可能就只能囤积起来，等待自然灾害时应急。

但是，人们不能指望靠出口这些东西来致富，原因是：第一，贸易航线经常中断；第二，西欧国家整体的产业结构特别近似，贸易没有意义。地理大发现之后，海上航线一下子延伸到了美洲和亚洲，直接影响就是开拓了新的市场。15到16世纪的英国，为什么会出现圈地运动呢？因为英国人发现羊毛和毛纺织品在外部世界有非常大的需求，利润很高。

如果英国可以通过进口小麦来解决人民的口粮问题，同时把更多的耕地变成牧场来养羊，那么就能获得更高的利润。这种情况在大航海时代开启之前是不可能出现的。

同样地，香料和植物种子在丝绸之路的鼎盛时代，是非常受商人们欢迎的商品。但是植物的生长跟地理环境有非常强的关联性。亚洲或者南美洲的某些作物，运到欧洲去种植，就是无法成活，那怎么办？大航海时代开启之后，这个问题就解决了。比如，南美出产橡胶和咖啡，这两样东西在欧洲有非常大的市场需求，欧洲人到了南美，发现这两种经济作物的种植还没有规模化，于是就在当地购买、租借或者强占土地，开辟种植园。需求太旺盛，种植园的劳动力不足了，就从非洲贩卖黑奴过去。一开始种植的是粮食和经济作物，像棉花、咖啡、可可、甜菜。到了工业革命之后，跟工业生产直接相关的原材料和燃料，也可以在全世界范围流通。比如，铜铁矿石、煤炭和石油，那么，生产的规模就能达到前所未有的水平，这都是中世纪的人完全无法想象的。

伴随着贸易活动的性质和规模发生了根本性的变化，海洋和大陆两种经济体的显著差异也慢慢浮现出来。海洋经济体的典型代表有荷兰和英国，大陆经济体的典型代表则是西班牙和法国。大家可能会问，西班牙不也是航海大发现的先驱国家之一吗？为什么它会被称为大陆经济体？

这里，我来简短分析。今天，全世界除了一些彻底的内陆国家以外，绝大多数国家都有海岸线，也都有海上利益，但并不是所有的国家都会让主要经济活动围绕海洋来展开，比如西班牙帝国。在大航海时代开启之后，西班牙帝国迅速成为欧洲拥有最多海外殖民地，并且控制了最多远洋航线的国家。但是从海洋贸易当中获得的财富，被它拿来编练军队，以此来和葡萄牙、奥斯曼帝国以及法国进行大陆战争，以便在欧洲大陆上建立起它的霸权。从这层意义上说，尽管当时的西班牙已经拥有一支强大的海军和发达的远洋贸易，但国家战略的性质依然是大陆性的。

法国的情况也类似，从路易十四到拿破仑，几代法国统治者在国家战略上追求的目标，都是抵达所谓的"自然边界"。也就是说国家领土的尽头一定要推到像大山、大河，或者海岸，这种能够构成稳定屏障的地方，否则绝不停止。这就导致这些国家把它在海洋贸易当中获得的财政进账，都浪费在这种高度消耗性的大陆战争当中了。

当然反过来看，也不能说这个逻辑就是错的。在当时，在欧洲大陆上进行的安全竞争，确实就是零和博弈，比如，离首都不到100或者200公里的地方，就驻扎着另一个国家的10万大军，这种压力对君王的刺激是非常明显的。所以，远洋贸易挣到了一点钱，就得赶紧消耗在练兵上，赶紧来解决最迫切、最棘手的大陆事务。因为君王清楚，要是他在大陆上不能获得安全，那么远洋贸易的基础也将不复存在。

在这种背景之下，英国慢慢地变成了主要的甚至是唯一的海洋经济体。为什么这么说？首先，自从11世纪的诺曼人入侵之后，英国本土就很少受到跨过英吉利海峡的直接入侵的威胁，没有陆上入侵的风险，就不用耗费大量的财政资源在平时就去保持一支强大的陆军。那么，如果跟大陆国家爆发战争，英国该怎么办？英国的做法是采用津贴体制，形象地说就是花钱雇用其他大陆国家，替自己打陆上战争。

从16到19世纪，绝大部分时间，奥地利和普鲁士这两个国家跟英国都保持着良好的关系，它们也是接受英国津贴最多的欧洲大陆国家。一方面，这类国家本身就不愿意西班牙或者法国在欧洲大陆上建立排他性霸权；另一方面，英国又给它们提供津贴，于是它们就替英国打仗，而英国的社会就不至于遭受战争的直接冲击。那么英国自己的战略资源用在了什么地方？就是不断地扩展远洋贸易的范围和规模，并且建立保护它的手段，也就是海军。

有一个事件，大家可能会有一些印象：2019年，在波斯湾航行的几艘国际油轮，遭到了身份不明的武装人员使用快艇的攻击，国际油价因此出现了波动。这件事情说明了什么呢？说明海洋贸易虽然理论上是在广袤无边的大洋上进行的，但是它还是受到一些天然的地理条件的限制。

比如，波斯湾的霍尔木兹海峡，又比如说一些关键性的狭窄水道，等等。而且，为了节约里程和燃料，一般的商船都会选择一些距离比较近、安全性更有保障的通行水道。

一艘商船从地中海往返印度洋，除非船只的吨位实在过大，或者有某些不方便透露的政治原因，否则航运公司的老板一定会选择走苏伊士运河，而不是远远地绕道好望角。

又比如，为什么今天从中东运送石油和天然气往东亚方向来的船只，都选择走马六甲海峡，而不是向南绕过澳大利亚呢？主要是为了缩短航行时间，以便节约燃料，所以，远洋贸易听上去范围很大，漫无边际，但实际上常用的商业航线就那么几十条。一个国家要确保商船在这几十条主要贸易航线上的活动不受阻碍或者破坏，就要有手段来保护自己的商船，那就是远洋海军。所以，英国海洋经济的壮大和英国的海军霸权，一直是相辅相成的。

那么，有读者又要问了，能不能出现两个或者三个海洋霸权同时存在的状态？我个人的答案是，还真的不行。不知道大家是否有乘船出海航行的体验？2016年夏天，我曾经乘坐一艘很小的渔船，在南中国海上航行了20多个小时，当时的直观感受就是海洋真的是浑然一体，毫无边界。要是没有导航设备来确认你的位置，可能相隔几百甚至上千公里的两个点的景象没有任何差异。然后,我才由衷地觉得,我已经写了十几年和海军相关主题的文章,这才第一次真正理解了"海权论之父"马汉说的"只有一个海洋"是什么意思。

可能读者又要问了,这不是和全世界常用的主要商业航线只有几十条矛盾了吗?应该说,虽然主要的商业航线大体是确定的,但是它跟大陆上的高速公路是两个概念,它可能会有几十公里宽,肉眼完全无法监控。如果碰到了台风之类的季节性的气象灾害,还要绕好几十甚至上百公里的弯,在这种情况下,任何一个国家想要保护它的所有正在外洋航行的商船不受事故或者意外的侵害,要保证所有跟它的利益相关的海洋航线获得绝对的安全,是一件成本非常高的事情。所以基于经济考虑,历史上绝大多数国家的选择是建立一支海军,但是这支海军的力量只要能保证本土海岸线的安全,保证国家不被入侵就可以了。

至于全球范围的海洋航行的畅通,通常会由一个霸权国家去承担义务,其他国家就搭大国的便车。在1500年以来的绝大部分时间,是英国及其海上霸权的继承者美国,承担了自由航行权的维护职责,应该说这个职责是非常繁重的,要承担它所需的财政成本也是很高的。维护全球范围的海洋自由贸易,并不是说派几艘军舰经常到那几十条主要航线附近巡逻就够了,比如,哪个地方出现了海盗,要负责牵头打击;哪个地方发生了海难,在附近活动的军舰听到了求救信号,要马上赶去支援;甚至现在全世界的海岸灯塔系统和海底电缆,最早也是由英国海军建立和维护的。

那么又有人要问了,英国又不是慈善家,为什么要做这些事呢?那是因为英国资本在早期的全球海洋贸易当中占据了最大的份额,而且它的利益无处不在。在这种情况下,只要全球贸易能够平稳运转,英国就能从中获得最大的利益。换句话说，只要维护了全球贸易和航运系统的正常运转，就能给英国制造带来最大的好处。而要维护英国的全球利益，就必须对覆盖全球的自由贸易和航运系统承担保护的义务。

那么，为什么不能有第二个海洋霸权国家存在呢？因为如果存在第二支强大的远洋海军，它的力量可以跟第一支势均力敌，那么第二个国家就有潜力去阻断这几十条主要航线当中的一部分，或者把它们变为自己的专属利益范围。那么，整个全球市场就被切割开了，这跟海洋经济所要求的资本、人力、原材料和商品在全球范围的不受限制的自由流通，以及"只有一个海洋"的天然性质是完全抵触的。

站在这个角度，我们也可以理解海洋国家到底是怎样看待大陆霸权的。英国为什么要对中国发动鸦片战争呢？中国是一个潜在的巨大的消费市场，它可能还能为英国经济提供潜在的人力和原材料支持，为了让英国的商品更多地销售出去，为了让英国的资本实现进一步增值，即使当时的中国并没有对英国的海上霸权构成威胁，也必须实施进攻。

拿破仑法国的情况其实也一样。1805年，拿破仑在赢得奥斯特里茨战役之后，实现了称霸西欧大陆的愿望，与此同时，法国海军的主力在特拉法尔加海战当中被英国击溃。这意味着法国虽然在西欧大陆初步建立了霸权，但是没有办法威胁到英国的海上优势。

然而拿破仑随后就做了一件导致他跟英国永远不可能实现和平的事情，就是颁布了大陆封锁令。他要求欧洲大陆上的所有国家永远不能跟英国进行贸易，而欧洲大陆是当时全世界资本密集程度最高，也是消费能力最强的区域。英国不可能容忍这个地区的市场对它关闭，这在经济上就不符合海洋经济的需求。所以英国要继续跟拿破仑法国为敌，包括联合普、奥这些欧洲大陆国家，继续对拿破仑法国作战，直至法兰西第一帝国被摧毁。

这里顺便可以聊一下另一个问题，这个问题也是大家在学习世界史的时候经常会问的。拿破仑入侵不了英国，那可以慢慢跟它熬，为什么一定又要向东去入侵陆上邻国俄国呢？

我们可以从经济学上给这个问题提供一个解释。拿破仑要求欧洲大陆的所有国家都不和英国进行贸易，这句话有一个隐藏前提，就是这些国家跟英国进行贸易时想要获得的东西，法国都能提供。但事实上法国完全做不到，最典型的就是，欧洲大陆是当时全世界城市化程度最高的一个地区。城市化程度高，意味着一个国家的主要人口都集中在城市里，种地的人少。维持城市生活需要的最基本的物资是什么？是粮食。欧洲大陆有这么多的人，但他们都是城市当中的粮食消费者，生产粮食的人少，导致口粮不能自给、需要通过海外贸易来购买，需要依赖英国的商船队和海军，现在拿破仑不让这些国家和英国做生意，那么他为了兑现对这些国家的承诺，就必须自己为它们提供粮食，那么解决的办法就只有向东入侵俄国，去掠夺土地。

这个逻辑也适用于后来的希特勒。德国颠覆不了英国的海上霸权，又必须为它占领下的西欧提供口粮、工业生产用的原材料以及燃料，也就是石油，那么它就只能去入侵苏联。英国到19世纪初，陆续战胜西班牙和法国这两个挑战者，就是建立在这种逻辑的基础上。

当然，海洋帝国英国的经济霸权并不是没有经历过挑战和危机，最大的一次危机就发生在19世纪末第二次工业革命之后。我们前面提到截止到19世纪初，贸易一直是创造财富的主要方式，但是第二次工业革命之后出现了一个重大变化，就是生产能够比贸易创造更多的财富，工业制成品在附加值和利润率方面，都比原材料变得更高了。那么，什么样的国家能制造出更多的平价工业消费品，那就是拥有更多机器和劳动力，能够尽可能多、尽可能快地把原材料转化成最终制品的国家。

在19世纪末，这样的国家就是刚刚实现了统一的德国。而和德国相比，当时的英国有三项劣势：首先，考虑到成本因素，英国制造业应用新技术和新机器方面是不大积极的，这使得它的劳动生产率被德国抛在了后面。其次，英国的本土人口比德国要少，而它虽然有着巨大的海外殖民地和殖民地人口，却一直没有能够创制出一个非常有效的快速动员系统，把殖民地的人口和资源迅速转化成可以跟德国竞争的权势。最后，英国承担的全球义务实在太繁重、太复杂，消耗了相当一部分战略资源。

于是英国做了两件事来应对德国的战略挑战：一是从1907年开始，大范围缩减它在全球范围的海外义务，包括跟曾经的战略对手俄国以及法国实现和解，集中力量到欧洲大陆周边来对付德国；二是在第一次世界大战末期，经过重重努力，最后终于把美国这个区域外的大国拉进了欧洲政治当中，使得全球经济和大国间竞争进入了一个新的阶段。

为什么这么说？因为跟英国还有西欧大陆的这一系列国家相比，美国、后来的苏联乃至中国，是战略潜力完全处于另一个档次的国家。当时的欧洲尤其是西欧，无疑是全世界经济发达程度最高、人口最密集的地区，但是受到天然疆域面积的限制，它的战略潜力实际上已经达到上限了。如果不算海外殖民地的话，英国、法国、德国都是人口几千万的发达国家，没有剩余的土地可供开发，工业生产的规模和劳动力的上限也都可以看见。而当时的美国、后来的苏联以及中国还有大量的闲置土地可供开发，人口也依然在快速增长当中。像中国这样的国家的战略潜力，可能都顶得上一整个西欧。

如果说美、俄、中是属于大洲级强国，那么当时的西欧即使是已经高度完备的发达国家，也只能算是中等强国。大洲级强国一旦被引入中等强国的竞技场，全球经济竞争的规模和激烈程度，一下子就有了一个飞跃性的提升。

这里可以给大家举两个最简单的例子：一个例子是，1940年的夏天，德国已经占领了整个西欧大陆，应该说是它的权势达到最顶峰的阶段。但是即使在这个时候，德国及其控制区的总发电量和飞机产量也只比苏联高近20%，而苏联当时普遍被视为主要强国当中工业化程度比较低，经济实力比较弱的角色。

另一个例子是1941年德国决定入侵苏联。从当年6月22日"巴巴罗萨计划"开始，到1941年12月德国兵临莫斯科城下，应该说是德军进展最顺利，遇到的抵抗激烈程度最低的一个阶段。但是就在这六个月里，德国的技术装备，例如坦克、装甲车、卡车以及它的人力，跟开战时相比依然折损了将近1/3。

第二个例子说明大洲级强国即使什么都不干，就凭它的幅员辽阔这一项优势，就可以把中等强国看上去非常有力量的那些战略资源慢慢地消耗掉。这样大家才能理解，为什么在第二次世界大战结束之后，欧洲就不再是世界历史的中心，而只有美、苏这两个大洲级强国，可以在世界舞台上一决高下。

而美、苏两国之间的经济竞争，依然是非常典型的海洋国家和大陆国家之间的对抗，美国的做法是创造一个基于天然禀赋的不同和市场经济原则，形成的具有分工差异的全球开放经济网络；苏联的做法则是在欧亚大陆的内部建立一个封闭的势力范围，通过开发势力范围之内的土地、人力和原材料的这种资源，来发展它的中央控制型的计划经济。最后的结果我们今天已经看到了，一方面苏联的产出比预期的要少得多，另一方面它却承担了跟它的战略资源不相匹配的繁重义务,最后导致国家解体。

当然,进入21世纪之后,美国也犯了一系列跟苏联类似的错误,最突出的一点就是试图完全依靠一个国家的军事优势,去解决所谓的安全隐患,比如在阿富汗和伊拉克,结果就是一方面消耗了战略资源,另一方面自己在全世界其他国家心目中的信誉显著下降了。

但是我们也应该看到,中国经济在最近40年的崛起,实际上在很大程度上依然依赖全球开放市场和经济体系,并且我们自己不需要为维护这个体系付出多么高昂的成本。但是随着中美关系的变化,中国在全球经济活动当中需要自己支付成本的场合会变得更多,但无论如何,坚持开放而不是封闭,始终是中国经济未来的前进方向。

希望通过本书,大家能获得更多关于历史上大国经济兴衰和奥秘的认知,并对中国经济的过去、当下和未来,产生更有层次的理解。

刘 怡

《三联生活周刊》国际报道主笔

综述：大国的兴衰

李伯重

北京大学人文讲席教授

费尔南德兹–阿梅斯托说："1492 年那一年，不只基督教国度改头换面，整个世界也脱胎换骨。"工业革命的一个结果，就是西方的兴起。西方的兴起又导致了两个现象：一个是帝国主义，一个是大国争霸。

经济史、全球史与经济的全球史

经济史

中文中的"经济"一词，现在大家都在广泛应用。这个词最早出现在隋朝王通的《文中子·礼乐篇》中，但是他说的"经济"和今天的经济是不一样的。他说的是"经国济民"。而我们今天说的"经济"，实际上是外来语，是古希腊的"家政术"的翻译。这个词首先翻译成日文，即"经济"二字，梁启超在晚清的时候将这个日文汉字表述的名称引入中国，所以我们也叫"经济"。

经济学中说的"经济"，指的是人和社会如何使用稀缺的生产性资源，生产产品，并把产品分配给社会的各个成员或集团以供消费。

经济是人类最重要的活动。恩格斯《在马克思墓前的演说》中说："正像达尔文发现有机界的发展规律一样，马克思发现了人类历史的发展规律，即历来为繁茂芜杂的意识形态所掩盖着的一个简单事实：人们首先必须吃、喝、住、穿，然后才能从事政治、科学、艺术、宗教等等。"所以，"经济"，简单地说，就是解决人们的生存问题。过去的经济，就是"经济史"。

全球史

"全球史"好像是一个新的概念，但并不等于说"全球性"也是一个新的概念。

考古学家把人类的起源称作"走出非洲"（Out of Africa），即现代人类（智人）起源于非洲，之后才迁徙到世界各地。因为人类总在不断迁徙，所以可以说人类的活动自古以来就是全球性的。换句话说，人们自古就生活在一个彼此关联的"地球村"里。

随着时间的流逝，分布世界各地的人们彼此之间的关系越来越密切。因为地球是一个整体，所以某地发生的事件（例如火山爆发）或者由某地开始的重要变化（例如工业革命），都可能会引起全球性的反应。离开了这种关联来孤立地研究一个国家（或者一个地区）在一个时期发生的历史事件，有时是会有问题的。这就是我们为什么需要"全球史观"。

全球史是今天新兴的学科，受到广泛的注意。什么是全球史？根据已有共识，所谓全球史，即指全球关联与全球互动的历史。全球史的口号是：把全球化历史化，把历史学全球化。因此全球史研究的基本诉求是：否定"国家本位"，我们研究历史不能只限于现在的"国家"，而要以"社会空间"作为审视历史的基本单元；要关注大范围、长时段的历史运动；要重估人类活动与社会结构之间的关系。简言之，就是破除现有的国别史研究的局限，把我们的研究放到全球关联的大背景之下。

经济的全球史

人类为谋生进行的经济活动，不是孤立进行的。由于各地在自然资源、生产技术和生活方式上的不同，各地人民彼此之间必然发生联系。例如游牧民族必须从农耕民族那里获得许多生活资料，农耕民族也需要从游牧民族那里获得牲畜和畜产品。这种彼此之间的联系，就是全球性因素，而全球化就是全球性因素增加的过程。

两位西方学者：基欧汉（Robert. O. Keohane）与约瑟夫·奈（Joseph

Nye）说，全球性因素是指世界处于洲际层次的相互依存的网络状态，这种状态自古就有，所以全球性因素是一种古已有之的现象，而全球化，不论过去还是现在，都是全球性因素增加的过程。

在大航海时代之前，各地之间的经济联系，无论是在质还是在量的方面都很有限。大航海时代以后，随着各地联系日益紧密，全球经济日益形成一个体系，即沃勒斯坦说的"世界体系"。在这个复杂而相互联系的体系中，如果一个节点遭到冲击，整个骨牌就会倒塌，这就是所谓的"蝴蝶效应"。"蝴蝶效应"指的是在一个高度复杂的体系中，一个小事件也可能会导致不可预测的结果，正如著名学者罗伦兹（Edward Lorenz）形容的那样："蝴蝶在世界一个角落拍动翅膀，可能在远方形成龙卷风。"

过去我们研究中国历史，并不重视外界的变化。实际上，作为"地球村"的一部分，中国的命运也与外部世界紧密联系在一起，就像美国史学大家史景迁（Jonathan Spence）所说："至少从1600年以后，中国作为一个国家的命运，就和其他国家交织在一起了。它不得不和其他国家一道去搜寻稀有资源、交换货物、丰富知识。"

美国政治学家李普塞特（Seymour Martin Lipset）说："只懂得一个国家的人，他实际上什么国家都不懂。"因此，本书不仅对于我们了解世界，而且对于我们了解中国都是非常有帮助的。

15 世纪以前的国际贸易

没有桃花源

陶渊明在他那篇脍炙人口的《桃花源记》中，给我们描绘了一个完全与世隔绝的孤立社区，一个村子就是一个社区。

这样的社区是否可以存在呢？答案似乎是肯定的。著名经济史学家李埏先生在他关于《水浒传》的研究中指出，到了宋元时代，在中原一带还星罗棋布着众多的庄园（例如著名的"三打祝家庄"中的祝家庄）。除买药、买绸缎等极少数例子外，看不出他们对外边有什么要求，也看不出他们有什么不能自给，甚至连喝的酒也是他们自己酿造的。这种与外界在经济上的绝缘，是由它的自然经济性质决定的。自然经济下的物质生活很简单，因此它易于自给自足。反之，由于生产水平的限制，它也不得不自给自足，因而也就不得不简单。《水浒传》中的庄园生活就是这样。

什么是"自然经济"？首先我们说什么是"自然"。按照亚里士多德的解释，"自然"是指合乎人类和事物的本性。而分工是由于人类天赋不同才产生的（例如男人和女人，男人身体比较强壮去打猎种田，女人身体比较弱在家里做家务），所以"家庭管理"在古代希腊就是"经济"，讲的就是自然分工。

但这是亚里士多德时代对"自然经济"的解释。马克思说得就更清楚："自然经济，也就是说，经济条件的全部或绝大部分，还是在本经济单位中生产的，并直接从本经济单位的总产品中得到补偿和再生产。"这段话对于一些读者来说可能有点不太好懂，它的意思就是说，一个经济单位（如一个庄园、一个村庄甚至一个家庭）生产出需要的东西，且再生产所需要的物资（如工具、耕畜、种子等）也是靠自己生产出来。所以马克思接着又说："在真正的自然经济中，农产品根本不进入或只有极小部分进入流通过程，甚至代表土地所有者收入的那部分产品也只有一个比较小的部分进入流通过程。"就是说，这个经济单位生产出来的产品（主要是农产品），只有这一小部分拿去买卖。

但是，即使是自然经济的经济单位，也不能脱离外部世界。例如，盐和铁都是生产和生活必需品，每个人必须吃盐，要进行生产必须有铁，但只有少数地方有盐、铁资源，因此在与世隔绝的经济单位，也必须从外面获得盐和铁。也是由于自然条件的原因，各地物产不同。人们除了盐和铁，还需要许多本经济单位乃至本地区不能生产的产品，这些产品也都只能从外面获得。

司马迁在《史记·货殖列传》中说得很清楚：中国各地生产的东西不同，太行山以西地区生产很多木材、竹子、玉石，等等；太行山以东地区有鱼、盐、丝，等等；在长江以南地区有各种木材、金属、珍宝；在龙门碣石以北地区，也就是现在的内蒙古、东北地区，有很多马、牛、羊，等等；铜、铁在某些山里有，这是大概的情况。司马迁说的这些都是中国人民所喜好的，是"被服饮食奉生送死之具"，也就是生活必需品。这些东西在一个地方是不可能都有的，所以必须从外面获得。

司马迁《史记·货殖列传》原文是："夫山西饶材、竹、榖、纑、旄、玉石；山东多鱼、盐、漆、丝、声色；江南出楠、梓、姜、桂、金、锡、连、丹砂、犀、玳瑁、珠玑、齿革；龙门、碣石北多马、牛、羊、旃裘、筋角；铜、铁则千里往往山出棋置：此其大较也。皆中国人民所喜好，谣俗被服饮食奉生送死之具也。"

所以真正与世隔绝、完全孤立的人群是不存在的。因为这样的原因，在"地球村"里，真正的"桃花源"是不可能存在的。人们必须相互往来，交换产品，这样就产生了贸易。

在中世纪的欧洲，自然经济占绝对统治地位，即使是在这样一个时代，所谓的"国际"贸易（当时欧洲分裂为很多小国），也在进行。一个例子是1305年法国的一个地方集市上，当时的人记述："一批旅行商人在一天早晨，带武装护卫队来到这里，他们搭起了漂亮的帐篷，正在同当地人民做买卖，出售的是各种各样的外国产品：绸服和塔夫绸、香水和香料、皮革和毛皮，等等；这些东西有些来自地中海东部、有些来自斯堪的纳维亚半岛、有些是从几百英里以外运来的。来这些集市上买东西的，除老百姓外也有当地贵族和贵妇人，大家对当地的庄园生活感到厌倦，想来这里换换空气，除了这些新奇货物之外，还想得到一些新的观念。"

"丝绸之路"："洲际商贸大通道"？

中国和欧洲有很大的不同。中国广土众民，又长期大一统，因此中国国内各地区之间的贸易，如果用欧洲人的眼光来看也是一种"国际"贸易。这种贸易很早就已经发达了。若从中国与中国之外地区的国际贸易来说，大家都会谈到"丝绸之路"。

虽然世界各地经济从来就是相互联系的，但在15世纪之前，大多数地区之间的经济联系还是很有限的，因此国际贸易的规模也很小。经济学家海尔布罗纳（Robert Heilbroner）讲完上述1305年法国的地方集市的情况后接着说："当时在一年中越过圣哥大水道（历史上第一个吊桥）

运到法国的货物总量，还不能装满现代的一辆货运列车；庞大的威尼斯舰队所运的商品总量尚无法装满一艘现代钢制货船。"

所以我们看到古代的记载说当时古代的贸易多么发达，但从贸易量上来说，实际是非常小的。

"丝绸之路"又怎么样呢？现在大家都在热议"丝绸之路"，许多媒体上都说这是一条"洲际贸易大通道"，这似乎和我这里说的情况大相径庭，这又应当做何解释呢？

连接欧亚非三大洲的"丝绸之路"是15世纪之前国际贸易的主要路线，在世界文明史上扮演着重要的角色，今天更成了世人关注的重点。但是人们在热情谈论这条"丝绸之路"的辉煌历史时，一些学者也提出了质疑，例如葛剑雄指出，所谓的"丝绸之路"时断时续，并非一直贯通；中国人也未去积极从事"丝绸之路"的贸易。

美国学者韩森（Valerie Hansen）指出，"丝绸之路"上的贸易量微不足道。英国学者弗兰科潘（Peter Frankopan）则指出，"丝绸之路"在历史上所起的作用并非都是正面的，他称"丝绸之路"为信仰之路、基督之路、变革之路、和睦之路、皮毛之路、天堂之路、地狱之路、死亡之路、黄金之路、白银之路、危机之路、妥协之路、小麦之路、冷战之路……在学界，甚至连"丝绸之路"这个名词是否合适，"丝绸之路"的起止于何地，"丝绸之路"包含哪些路线等基本问题，现在都有争论。

不管这些争论怎么样，从经济史的角度来看，可以看到：在交通运输方面，陆上"丝绸之路"是一条极尽艰难险阻的路程。无论是哪一条"丝绸之路"，经过的地方大部分是人迹罕至，高山、大漠、草原、荒野……交通极其困难。海上丝路情况好一些，但是在13世纪以前，航海也是非常艰辛的。著名唐代高僧鉴真大师去一衣带水的日本，直到第六次才航行成功。

丝绸之路上的政治状况很不稳定，各个国家（或政权）的领土往往没有明确的边界，因此有许多管辖权不清的地方。不少地区在若干时期中甚至没有国家（或政权）管治，成为政治管辖的真空地区。这种情况使得国际贸易成为高风险的事业。特别是在近代以前，国际贸易中的商品主要是价格昂贵的奢侈品，这样一来，从事国际贸易的商队便成为沿途各地强人垂涎的目标。因此丝绸之路上盗匪横行，洗劫商旅、杀人劫财乃是常情。

所以"丝绸之路"的成本是非常高的。由于贸易成本高，"丝绸之路"只能贩运丝绸、宝石、香料、黄金等体积小、重量轻、价值高的奢侈品。这些商品的贸易对经济发展的意义并不大，而且非常容易受到各种非经济因素的影响。

海上"丝绸之路"的情况要好一些，但是也只是到了宋代航海技术出现革命性的变革之后，罗盘的使用推动了航海技术的进步，海路运输才变得比较安全、可靠和廉价。大体而言，海上"丝绸之路"把西太平洋海域（中国东海和南海、马六甲以东的东南亚海域）、印度洋海域和地中海海域三大海域联系了起来，因此也相应包括亚洲东部航段、印度洋航段和地中海航段三大航段。其中亚洲东部航段和印度洋航段在马六甲海峡相连，但印度洋航段和地中海航段则在苏伊士地峡中断。

公元前500年，波斯国王大流士一世征服埃及后，修筑了苏伊士运河，把印度洋航段和地中海航段连接了起来。在以后的一千年中，这条运河不断地被摧毁和重建，最终于8世纪为阿拉伯的阿拔斯王朝哈里发曼苏尔废弃。没有了运河，海上"丝绸之路"的断裂就成了定局。直到1869年法国人开挖的苏伊士运河开通后，这种情况才发生改变。

在苏伊士运河被废弃后的一千年中，地中海海域和印度洋海域以及西太平洋海域实际上就断裂了。在印度洋海域，穆斯林将包括东非、波斯、印度、爪哇等在内的印度洋沿岸广大地区纳入伊斯兰世界的版图，使得印度洋贸易出现了繁荣的局面。阿拉伯、波斯商人来到中国和马来半岛采购中国瓷器和丝织品，连同南洋出产的香料一起，经红海运到地中海，转卖给意大利商人，再转运到欧洲各地。

但是，就像著名历史学家费尔南德兹-阿梅斯托所说："13世纪中期以后，穆斯林中东衰落，三个新兴的中心——欧洲、印度和中国成为以后250年来世界范围最富活力和经济繁荣的地区。这三个地区制造并出口工业产品，如纺织品、武器、瓷器、玻璃以及金属器具等。"这三大中心彼此之间有贸易，但限于各个方面的原因，主要贸易集中在各自区域内，并未形成一个大市场。

新现象：自由民间贸易的兴起

在14、15世纪，国际贸易取得了一个重大进展，即自由民间贸易的兴起。

在古代，由于国际贸易成本很高，风险很大，因此都离不开政府的支持和保护。陆上"丝绸之路"的繁荣时期正是得到沿途强有力的各国政府的保护，比如汉帝国、安息帝国、罗马帝国。各国政府往往委托一批与其关系密切的商人，给予他们许多便利和特权，让他们为自己经商，这种贸易，可以称之为半官方贸易。在许多情况下，政府甚至自己来经商，形成官方贸易。在这些官方贸易中，中国与周边地区（或地方政权）之间的朝贡贸易占有特别的地位。这种朝贡贸易是一种官方贸易，是中国的中央王朝笼络其他国家（或政权）的一种政治手段。这种贸易完全取决于有关国家（或者政权）之间的政治关系，因而不是真正的商业活动。因为朝贡贸易不遵循等价交换的原则，所以也不具有现代意义上的贸易性质。中国在这种朝贡贸易中实际上是赔本的，所以美国著名学者费正清（John king Fairbank）说："不能说中国朝廷从朝贡中获得了利润。回赠的皇家礼物通常比那些贡品有价值得多。在中国看来，对于这一贸易的首肯更多的是一种帝国边界的象征和一种使蛮夷们处于某种适当的顺从状态的手段。"正因为这样，我们也就很容易理解为什么今天有许多对历史有兴趣的国人抱怨，这种朝贡贸易只是为了满足中国皇帝的虚荣心，"花钱赚吆喝"。

半官方贸易怎么样呢？集中体现在宋元时代中国的海外贸易方面。当时掌控印度洋海上贸易的是阿拉伯、波斯、印度的商人。像宋元时期著名的泉州蒲寿庚家族那样的"蕃客"世家，就是从海外来的——"以善贾往来海上，致产巨万，家童数千"，这个家族在宋元两代地位都十分显赫。这些商人是特权商人，他们与元朝政府关系很好。元军攻打南宋，打到泉州的时候，泉州蒲寿庚献城降元，被元政府授予金符，执掌泉州市舶大权（泉州是当时世界第一大海港），而且还提升到福建行省中书左丞，相当于现在的副省长。终元代一朝，蒲寿庚家族掌控海上贸易，垄断贸易。史书记载说："泉之诸蒲，为贩舶作三十年，岁一千万而五其息，每以胡椒八百斛为不足道。"他家财万贯，号称"蒲半城"。

到了明清时期，情况发生巨变。这时中国本土商人兴起，形成了著名的"十大商帮"。经过15世纪，到了16世纪，情况更是进一步发展。在海上贸易方面，明末兴起的郑氏海商集团（郑芝龙、郑成功、郑经），成为当时世界上最强大的商人集团之一。在1650—1662年间，郑氏集团退守台湾后，依然从事中国大陆和日本、葡萄牙、荷兰的贸易。他们每年的总贸易额，达到392万—456万两白银，平均每年420万两；海外贸易所获利润总额，则每年在234万—269万两白银，这个数量是非常惊人的。与此相对照，当时西方最强大的海外贸易公司——荷兰东印度公司在1613—1654年的四十年中所积累的利润仅为1530万盾，大约相当于

440万两银子，而当时的清朝已经统一了中国除台湾之外的地方，1651年的政府岁入也仅为2100万两银子。所以大家可以看中国的海上贸易是多么发达。而且这些明清时期的商人，尽管有些与官府有着千丝万缕的联系，但基本上都是民间商人，从事自由贸易，不是特权商人。他们发财致富，主要是依靠自己的经营，而不是像过去的特权商人一样要依赖特权。

我们可以看出，15世纪以前，国际贸易是存在的，不过规模很小，而且没有形成全球性的世界市场。但是这个时期有很大的进步，最大的进步是自由的民间商人的兴起，他们和过去的依靠特权的官方和半官方贸易是很不相同的。

新航路的开辟：经济全球化的开端

郑和与哥伦布：两次航海盛举的不同后果

郑和下西洋是我们中国人的骄傲，因为郑和下西洋显示了当时中国造船和航海技术在全世界遥遥领先，确实值得我们自豪。其航行规模之大、难度之高、组织之严密，是同时代其他远航活动无法比拟的。

郑和船队多至约240艘海船，这些船都很大，当时史书记载其"体态巍然，巨无与敌"，载运士卒达二万七千余人，和今天美国第七舰队的军人数量差不多。

郑和船队由不同类型的船只组成，如运载马匹和食物的补给船、淡水船、战船等。其中"宝船修四十四丈，广十八丈者六十二"。专家们按照记载的船舶尺寸，推算九桅木帆主船的排水量近万吨。但这是有争议的。

郑和每次出洋，装载大量金银、铜钱、瓷器、饰品、丝绸、茶叶、棉布、金属器皿、各色农具等。换来的是沿途国家所"贡"专供皇室和贵族官僚享用的象牙、香料、珊瑚、珠宝、补药、珍禽异兽（被当作麒麟的长颈鹿及狮子、鸵鸟等）和各种奢侈特产。

总的来说，郑和出海从经济上奉行一个政策："厚往薄来，贡少赐多。"这种航海活动根本没有像西欧航海业那样为国家带来巨额利润，反使国库空虚，所以引起了明成祖的继任者和明朝官僚集团的指责。借日后宪宗时一位大臣刘大夏的说法："三保下西洋，费钱粮数十万，军民死且万计，纵得宝而回，于国家何益，此特一弊政，大臣所当谏也。"所以刘大夏作为兵部尚书，把郑和下西洋的所有档案都销毁了，因为他不希望再有这样的事发生。

郑和下西洋取得的后果是什么呢？是促进了朝贡贸易制度，朝贡贸易制度是一种官方的贸易安排，中国从中是得不到持续的经济利益的。同时由于官方垄断了海外贸易，民间海外贸易也受到很大的压制。所以一些学者认为，尽管郑和下西洋显示了中国航海技术的高超，但是对中国经济产生了负面影响。

15世纪初，郑和下西洋。相形之下，15世纪末由西欧人主导而展开的全球性的大航海时代（The Age of Great Discovery），船队规模虽然都很小（像哥伦布的船队只由三艘船组成），却代表一个海洋发展的时代的开始。这些小规模的航行，却取得了改变世界的重大成果。

三个世纪以后，亚当·斯密在《国富论》里说："美洲的发现，以及经由好望角到达东印度群岛的航路的发现，是人类历史上所记录的两件最伟大的事件。"这个论断是非常有意义的。欧洲人利用这两条新航路把欧洲、美洲和亚洲的市场直接联系起来，使得市场的规模得到空前扩大。

特别是美洲航线的开辟，意义更为重大。费尔南德兹-阿梅斯托说："1492年那一年，不只基督教国度改头换面，整个世界也脱胎换骨。"他解释说：

> 我们置身的现代世界绝大部分始于1492年，所以对于研究全球史某一特定年代的历史学家来说，1492年是很显而易见的选择……说到1492年，最常有的联想是哥伦布在这一年发现了前往美洲的路

线，这可以说是改变世界的重大事件。从此以后，旧世界得以跟新世界接触，借由将大西洋从屏障转成通道的过程，把过去分立的文明结合在一起，使名副其实的全球历史——真正的"世界体系"——成为可能，各地发生的事件都在一个互相连接的世界里共振共鸣，思想和贸易引发的效应越过重洋，就像蝴蝶拍动翅膀扰动了空气。欧洲长期的帝国主义就此展开，进一步重新打造全世界；美洲加入了西方世界的版图，大幅增加了西方文明的资源，也使得在亚洲称霸已久的帝国和经济体走向衰颓。

这就是大航海时代由哥伦布、达·伽马的航行所带来的伟大成果。这个成果，用简单的话说，就是创造了一个近代世界，贸易创造的世界。

贸易创造的世界：近代世界的形成

大航海时代开辟了人类历史的新篇章。在这方面，马克思、恩格斯在《共产党宣言》里，用非常精练生动的语言做了很好的总结描述：

"美洲的发现、绕过非洲的航行，给新兴的资产阶级开辟了新天地。东印度和中国的市场、美洲的殖民化、对殖民地的贸易、交换手段和一般商品的增加，使商业、航海业和工业空前高涨，因而使正在崩溃的封建社会内部的革命因素迅速发展。

"市场总是在扩大，需求总是在增加。甚至工场手工业也不再能满足需要了。于是，蒸汽和机器引起了工业生产的革命。现代大工业代替了工场手工业；工业中的百万富翁，一支又一支产业大军的首领，现代资产者，代替了工业的中间等级。

"大工业建立了由美洲的发现所准备好的世界市场。世界市场使商业、航海业和陆路交通得到了巨大的发展。这种发展又反过来促进了工业的扩展。同时，随着工业、商业、航海业和铁路的扩展，资产阶级也在同一程度上得到发展，增加自己的资本，把中世纪遗留下来的一切阶级排挤到后面去。"

马克思和恩格斯所说的这个贸易创造的世界，确实是一个新世界，这就是近代世界。

国家与世界：民族国家与世界市场的扩展

近代世界是一个贸易创造的世界。为了弄清楚"国家"在里面起到的作用，我们就要看看国家与世界、民族国家与世界市场的扩展之间的关系。

什么是国家？中文里的"国家"是一个含义很丰富的词。我们说的"国家政权"，英文叫"State"。什么叫"State"？对于这个问题，学界答案甚多。我认为社会学家蒂利（Charles Tilly）所做的回答最为全面。他说："五千多年来，国家是世界上最庞大、最强有力的组织……这一术语包括城邦国家、帝国、民主国家和许多其他形式的政府，但是同样地不包括部落、宗族、公司和教会本身。"

由此而言，世界历史上的国家有多种形式，而在这些形式中，民族国家出现得很晚，蒂利说："在大部分历史中，民族国家，即通过中央集权的、有偏向的自治结构来治理众多相邻地区和城市的国家，出现得很少。大多数国家是非民族的，即帝国、城邦国家，或其他类型的国家。"

一般认为，民族国家是到欧洲中世纪末期和近代早期才逐渐形成的。为什么会出现民族国家？有很多原因。过去学界主要认为是阶级斗争、王权加强，等等，但是我认为主要是市场的发展。在中世纪，欧洲大部分地区处于封建制度之下，封建领地林立，这些领地各有自己的政权、自己的货币、自己的规章制度和法例。

例如在1550年的德国，单是在巴登一带就有112个不同的长度单位、92个不同的面积标准、65个重量单位、163个谷物的计量单位、123个液量单位、63个酒的特有单位和80种不同的重量单位。做生意的时候，商人如果把东西从这个地方运到那个地方，单是单位的换算就极其麻烦。而且经过各个地方的时候，都要交税。像从巴登出发，大约每6英里就要停下来交纳通行税，因为进入另外一个小国家了。从巴塞尔到科伦之间就交税31次，而且交税用的货币也是不一样的。这样的情况极不利于贸易。

为了消除这些贸易的障碍，欧洲逐渐出现了民族国家，这种民族国家实行中央集权的君主政体，逐渐建立起了国家法规、统一的度量衡和或多或少统一的通货，从而使得其所统治的地区成为内部统一的市场，从而极大地推进了贸易的发展。

欧洲国家面积都不大，民族国家内部的市场是形成了，但是规模仍然有限，所以成功的民族都要积极进行海外扩张，即如马克思、恩格斯在《共产党宣言》中所说：

"不断扩大产品销路的需要，驱使资产阶级奔走于全球各地。它必须到处落户，到处开发，到处建立联系……资产阶级，由于开拓了世界市场，使一切国家的生产和消费都成为世界性的了。使反动派大为惋惜的是，资产阶级挖掉了工业脚下的民族基础。古老的民族工业被消灭了，并且每天都还在被消灭。它们被新的工业排挤掉了，新的工业的建立已经成为一切文明民族的生命攸关的问题；这些工业所加工的，已经不是本地的原料，而是来自极其遥远的地区的原料；它们的产品不仅供本国消费，而且同时供世界各地消费。旧的、靠本国产品来满足的需要，被新的、要靠极其遥远的国家和地带的产品来满足的需要代替了。过去那种地方的和民族的自给自足和闭关自守状态，被各民族的各方面的互相往来和各方面的互相依赖所代替了。"

所以，民族国家在成立的同时，彼此之间的关系也变得更紧密。而且在民族国家之外，殖民地和全球化都在加强。

欧洲成功的民族国家都在积极扩大海外市场，结果是，有一些国家特别成功，获得了当时世界上的霸权。为什么是这些国家获得霸权？为什么它们要建立殖民帝国？

大国兴衰：经济、霸权与国际关系

导致近代大国兴衰最关键的一个原因是什么？工业革命。在工业革命以前，虽然西方已经出现一些强国，彼此之间展开竞争，但彼此的国力相差并不悬殊。但是到了工业革命时期，各个国家之间的距离就大大拉开了。

工业革命：人类历史的分水岭

大航海时代导致了欧洲商业资本主义的崛起。而商业资本主义的崛起给工业革命铺好了道路，终于在18世纪末揭开了工业资本主义时代的序幕。

诺贝尔经济学奖得主诺斯（Douglas North）说：工业革命是"把人类历史分开的分水岭"。工业革命前后是不同的阶段。著名全球史学家斯塔夫里阿诺斯（Leften Stavros Stavrianos）也说：工业革命在世界历史上具有"头等的重要性"。今天，如果我们不能正确认识工业革命，就不能全面认识今天的世界。

通过工业革命，欧洲以及欧洲的延伸——北美——把世界其他部分远远抛在后面了。而工业革命又扩散到世界其他部分，不仅是西方一马当先，还影响到非西方的地区，引起了全球的变革。如马克思、恩格斯所说："资产阶级，由于一切生产工具的迅速改进，由于交通的极其便利，把一切民族甚至最野蛮的民族都卷到文明中来了。它的商品的低廉价格，是它用来摧毁一切万里长城、征服野蛮人最顽强的仇外心理的重炮。它迫使一切民族——如果它们不想灭亡的话——采用资产阶级的生产方式；它迫使它们在自己那里推行所谓文明，即变成资产者。一句话，它按照自己的面貌为自己创造出一个世界。"

现代世界就是这样被创造的。现代世界就是一个以西方模式塑造的全球化世界。一直到20世纪才发生一些变化。这就是工业革命的伟大意义。工业革命改变了人类的命运，原因就在这里。

西方兴起：帝国主义与大国争霸

工业革命的结果，就是西方的兴起。西方的兴起又导致两个现象：一个是帝国主义，一个是大国争霸。虽然说工业革命造就了一个新的全球化的世界，在建立新的世界的过程中，西方国家是起主导作用的，但是西方国家并不是按照全球的利益来建立这个世界的，它们是根据自己的利益为出发点来改造世界的。这就不可避免地导致帝国主义和大国争霸两个现象的出现。

事实上，在工业革命甚至更早以前，国际贸易就与暴力征服分不开。马克思在《资本论》第三卷指出："占主要统治地位的商业资本，到处都代表着一种掠夺制度。它在古代和新时代的商业民族中的发展，是和暴力掠夺、海盗行径、绑架奴隶、征服殖民地直接结合在一起的；在迦太基、罗马，后来在威尼斯人、葡萄牙人、荷兰人等等那里，情形都是这样。"到了大航海时代及以后，这种暴力征服更变成了常态。那么，它们想要夺取什么东西？是两样东西：市场和殖民地。

首先是市场。西方人之所以开展大航海，主要是寻找东方市场，特别是中国市场。

第一个参加大航海时代成功的国家是葡萄牙，它在全球到处探险和寻求殖民地。因为这个国家面积很小，人口很少，实力也不强，所以它在全球各地建立了很多贸易据点，被称为"货栈帝国"，我国的澳门就是这种贸易据点之一。它通过这个"货栈帝国"和世界其他地方发生联系，打开市场。其他欧洲国家追随其后，建立了由各自的殖民据点组成的贸易网。一直到19世纪中期，英国用武力敲开了中国的大门，中国割让了香港。英国侵略中国，主要不是掠夺领土，而是为了中国的这个巨大的市场。

其次是殖民地。欧洲列强在争夺市场的同时，也极力争夺殖民地，建立各自的殖民帝国。旧时游牧民族征服许多地区，比如蒙古帝国征服了欧亚大陆的大部分，当时他们主要是为了掠夺被征服地区的现成产品，用于统治者的挥霍；而到了大航海时代以后，欧洲列强建立的殖民帝国，却主要是为了掠夺殖民地的资源，用于发展宗主国的经济。因此，殖民地对西方的兴起了至为关键的作用。特别是美洲殖民地，对西方兴起所起的作用尤为重要。

美国学者、《大分流》的作者彭慕兰指出："当我们转而对积蓄资产中包含的技术进行比较时，我们的确发现了欧洲在工业革命前两三百年间出现的一些重要优势；但我们也发现欧洲还存在着落后的领域。通过殖民地，欧洲能够获得这些资源而不必进一步损害在19世纪人口和人均资源利用都巨大膨胀之前已经遭受沉重压力的欧洲生态系统，也不必把它们自己的大量人力重新配置到各种各样的劳动密集型活动中。……如果没有这些外部因素，欧洲的发明创造自身对其经济和社会的影响，不可能比在18世纪的中国、印度和其他地区不断发生的边缘性技术进步更具革命性。如果没有它们促成的资源制约的松弛，欧洲其他的革新不会独立创造出一个使其有限的土地不会阻碍无限的人均持续增长的新环境。"

所以，我们就可以理解，为什么西方列强以及后来兴起的日本，都要积极占领殖民地。它们的目的就是要利用全球各地的资源来供它们发展。

知识革命：经济全球化的动力

对于经济全球化的最终动力问题，很多人有不同的说法，这里我们要强调的是知识革命。

海尔布罗纳说：

> "社会就像一架大马车，它长期地走着'传统'这个下坡路，现在终于在车上安上了内燃机。交易、交易、再交易，利得、利得、再利得，这些活动终于产生了一个新的强大得令人吃惊的推动力。是什么力量强大得足以粉碎一个舒适的、既定的社会，而用这个新的、不受欢迎的社会来代替的呢？
>
> "这不是出于单独的某一重大理由。新的生活方式是从旧的方式之内成长起来的，就像蝴蝶孕育在蛹之内一样，当生命的骚动强大到足够的程度时，它就突围而出，把旧结构打得粉碎。造成经济革命的，并不是某些重大事故、个别的冒险活动、这一或那一法令或有权威的人物。这是内在成长的一个变化过程。"

而技术进步、贸易等等都不是导致上述内在成长的单独的原因，而是内在成长的变化过程中的一些方面，在这个内在成长的变化过程中，很多因素都在其中，但是其中最重要的，我认为是知识革命。

什么是知识革命？西方管理学大师德鲁克（Peter F. Drucker）做了很好的说明。他指出：

> "知识意义的基本改变就是工业革命、生产力革命及管理革

命的基础。在1700年之后的短短50年内，科技问世了。科技（Technology）这个词结合了'技术'（Techne）和'学问'（Logy）两个部分，前者是工艺的诀窍，后者是有组织、有系统及有目的的知识。

"对知识定义的剧烈变动造成了工业革命的兴起。无论在东方或西方，知识一直都被认为与'是'（Being）有关。但几乎就在一夕之间，知识突然变成与'做'（Doing）有关；知识变成一种资源，一种利器。而一向被视为是私有财产的知识，也几乎是在一夜之间，变成了公共财产……知识带来了三个革命：在对知识的定义大幅变动的第一阶段中，持续了长达一百年的时间，知识被应用在工具、制程及产品上，最终造就了工业革命。在第二阶段，也就是从1880年到第二次世界大战结束的期间内，知识的新定义和工作有关，进而引发了生产力革命。最后一个阶段则于第二次世界大战结束后展开，知识开始运用在'知识'本身之上，直到今日。除了资本与劳动力外，知识现在也成为最重要的生产要素。"

德鲁克的这些说法很有道理。确实，知识革命是向现代社会转型的根本原因，而西方的知识革命也是全球化的产物。不少科技史专家都怀疑，如果没有中国、印度、伊斯兰地区的技术传入，欧洲的工业革命是否可能发生。

但不同的是，在西方努力进行知识革命的时候，中国等国家却在这个方面浑浑噩噩，甚至闭关自守。即使是自己早先已经创造的知识也不重视。

法国大文豪雨果辛辣地指出："像印刷术、大炮、气球和麻醉药这些发明，中国人都比我们早。可是有一个区别，在欧洲，有一种发明，马上就生气勃勃地发展成为一种奇妙的东西，而在中国却依然停滞在胚胎状态，无声无息。中国真是一个保存胎儿的酒精瓶。"

鲁迅先生也说："外国用火药制造子弹御敌，中国却用它来做爆竹敬神；外国用罗盘针航海，中国却用它来看风水。"中国和外国对知识革命态度的不同，导致了双方发展的不同的道路，我想这也是大家所说的"李约瑟难题"的一个答案吧。

中国一直在这个问题上没有得到很好的解决，一直到改革开放以后，中国人还在说"知识就是力量"才成为全民共识。对知识的重视导致知识革命在中国真正出现，四十年来中国发生了天翻地覆的巨变，为全球化历史写下了亮丽篇章。

经济学家雅克·阿达（Jacques Adda）说："全球化经济诞生于欧洲，开始于15世纪末，是资本主义兴起的原因与结果。近几十年来以一体化体制出现的世界经济，来源于一个欧洲的经济世界，或者说是一个以欧洲为中心的经济世界。倘若没有日本的有影响力的发展，没有中国令人瞠目结舌的苏醒，人们还将今天的世界经济视为欧洲经济世界的延伸。"

所以我们看看这几百年的世界历史，也为今天中国的经济发展感到自豪，但是我们也要看到，曾经，我们确实走了很长的弯路。

1

威尼斯共和国——最早的资本主义之国

刘景华

天津师范大学历史文化学院教授

威尼斯是最早的资本主义之国，这么说多少有点抬举它。因为它的资本主义不是典型的资本主义，说到底只是一种商业资本主义，其背景是中世纪西欧商业发达，特别是国际贸易发达。但它的确为后人留下不少的历史遗产，比如现代经济理念、商业原理及经济运行方式等，天津师范大学历史文化学院教授将与我们一起分享这个资本主义之国的故事。

为什么中世纪西欧商业发达？为什么是意大利？为什么是威尼斯？

威尼斯是最早的资本主义之国，这么说多少有点抬举它。它的资本主义不是典型的资本主义，说到底只是一种商业资本主义，其背景是中世纪西欧商业发达，特别是国际贸易发达。

而中世纪西欧商业发达，恰恰是西欧农业非常落后所刺激的。一方面是西欧人口增长及生活需求的快速提高；另一方面是西欧农业生产力水平落后，生产能力不足，这样两者间便产生了矛盾。要解决这一矛盾，就必须输入外部的物质资料来满足西欧内部的需求，国际贸易发展就是为了输入这种外部的物质资料。

农业生产力水平相对低下，是中世纪西欧经济不能实现自足的根本原因。中世纪西欧农业生产力水平低下，有自然因素的作用。从总体上看，西欧的自然条件对农业生产不是很有利。

在气候上，西欧北部偏冷；南部地中海则是夏季干热。雨热不同期，不利于需要高温高湿的高产作物（如水稻）的生长。就土壤而言，西欧北部由于降水量冬季偏多，使得土壤排水性能较差，土壤黏性过重难以翻耕，所以需要用重犁，单个农户一般都不具备这种能力。在南方地中海区域，由于天气热水分容易蒸发，土壤需要保墒而不能深耕，这就使土地的耕作层很浅，庄稼难以吸收充足的养分，长势不好。因此这种自然条件，决定了中世纪西欧农业生产力水平低下。

中世纪西欧农业生产力水平低下还有传统因素，就是日耳曼人的农业生产起点低。他们在公元1世纪左右才从游牧经济向简单的定居农业过渡。10世纪以后使用铁制农具，农业生产有较大进步，但仍然属于粗放式耕作方式。农作物单产量在中世纪非常低，如英国小麦产量每英亩为6—9蒲式耳（约合中国市制每亩50—80斤）。中世纪西欧农产量还有一种计算法，那就是播种量与收获量之比，即播下一斤种子、收获多少粮食，中世纪西欧一般为1∶4，高的也只有1∶6。

西欧领主的庄园是自给自足的，但庄园经济结构存在欠缺，就是领主所需要的高档手工业品和奢侈品，庄园里生产不了，这就需要通过商业机制从外部购买。例如威尼斯人从事的香料贸易。

其实香料（主要是胡椒）是西欧中上层社会（包括条件好一点的农民）的生活必用品。由于是自给自足经济模式，所以领主家宰杀了生猪后，一下子吃不完，要保存下来，但过一段时间后就会变质发臭，再要食用必须用胡椒来调味，所以在某种意义上胡椒是中上层社会的生活必备品。西欧不产胡椒，只有依靠从外部运来。

总之，西欧在总体上不能自足，既需要外部供给中上层社会高级消费品和奢侈品，也需要外部世界供给一定的生活必需品。恰恰又是西欧的近邻拜占庭帝国和阿拉伯世界生产水平比西欧高得多，更远一点的印度和中国经济水平更高，完全可以将这些先进地区的产品输入西欧，帮助西欧解决生产力不足的问题。

中世纪里，这些消费品和奢侈品主要通过地中海东方贸易来输入，所以与东方的贸易就成了西欧的生命线，意大利城市担负起从事东方贸易的角色。像威尼斯，在地中海东方贸易中主要承担输入香料胡椒的任务，而热那亚则负责从地中海东部（埃及、黑海沿岸等）调运谷物送到西欧。由于它们是作为整体西欧的对外窗口，所以它们也就成了中世纪西欧的国际性城市，规模一般也最大。

为什么是这些意大利城市呢？可以考虑三点因素：第一，历史因素。意大利是古代罗马帝国中心地区，工商业发达的传统多少有一定传承。不过要注意的是，中世纪意大利有影响的国际贸易城市基本不是起源于罗马帝国的。第二，地理因素。从整个西欧看，意大利离东方世界最近，这是地利，而且靠海，便于开展航海贸易。第三，政治因素。中世纪早期，意大利很多地方依附拜占庭帝国，与东方便于交流和交换。西西里岛还一度被阿拉伯人占领，也易于与阿拉伯人来往。

意大利兴起的地中海国际贸易，从12世纪起基本上由威尼斯和热那亚瓜分了势力范围：威尼斯控制了东地中海贸易，热那亚是西地中海贸易霸主。

为什么是威尼斯？你如果看地图，会发现威尼斯其实离地中海中心区比较远，倒是离西欧广大的内地比较近，这正好说明威尼斯胡椒贸易不只是为意大利服务，而是以整个西欧为服务范围的。

威尼斯位置虽然比较偏，但有一个地理优势，即亚得里亚海的海流为它带来了便利。亚得里亚海狭长，海流是沿东海岸北流，流到顶点即威尼斯湾的时候折回，沿西海岸南流。航海商船从东地中海来时，只能沿东海岸走，最先到达意大利的地方是威尼斯，何况威尼斯的腹地恰恰又是意大利最富饶的伦巴第平原，从这里往北还可以很快翻过阿尔卑斯山，到达欧洲内地，往南可沿亚平宁半岛向托斯卡纳地区发展。

威尼斯本是一个小渔村，6世纪开始发展海外贸易，8世纪与拜占庭帝国签订通商条约，很快成为东方商品输入地，10世纪基本上控制了西欧与君士坦丁堡及小亚细亚之间的贸易。11—13世纪西欧十字军东征时，威尼斯和热那亚提供了大量的船只。随着拜占庭衰落，威尼斯贸易扩展到了"利凡特"（东方，即地中海东岸），其东方贸易自此开始。

后来威尼斯又与热那亚展开了对地中海贸易的激烈争夺，通过几次战争，最后把热那亚商人基本赶出了东地中海（马可·波罗就是在与热那亚的战争中被俘，在狱中与人合作写下《马可·波罗游记》的）。14—15世纪的东地中海贸易基本上是威尼斯的天下。最兴旺的时候，威尼斯有300多条船、3万多名商人从事地中海贸易。威尼斯还和热那亚开辟了通往西欧佛兰德尔和英国的海路贸易。威尼斯贸易在15世纪达到顶峰。

威尼斯进行航海贸易的商船是长船，长船适合于装载体积小价值大的贵重货物，如香料。长船航行时可以帆桨并用，所以速度快，而且划桨的水手可以变成水兵，与海盗作战。所以威尼斯商船队往往又是舰队，具有作战能力。威尼斯舰队曾在几次著名海战中取胜，如14世纪与热那亚的基奥贾海战，16世纪与奥斯曼帝国舰队的勒班陀海战。14—16世纪的威尼斯是西欧一支重要的军事力量。

威尼斯还极力扩张领土，由一个自治城市壮大为城市国家，史称威尼斯共和国。它把意大利东北部，以及腹地的波河流域基本上变成了自己的版图。它还在亚得里亚海东岸获得了大片的土地，即达尔马提亚一带（今天的克罗地亚沿海），还将希腊南部伯罗奔尼撒半岛以及克里特岛变成了它控制的粮食供应基地。威尼斯共和国最繁荣的时候，人口（150万）虽然只有法国的十分之一，但财政收入（160万杜卡特）是法国的1.6倍。威尼斯的货币杜卡特是中世纪西欧的通用货币，其地位有如今天的美元。

与威尼斯并称意大利四大城市国家的还有热那亚共和国、佛罗伦萨共和国、米兰大公国，城市人口都在10万以上，是中世纪西欧的顶级城市。意大利还有许多小城市国家，例如比萨、卢卡、博洛尼亚、维罗纳等30多个。它们也多是以商业立国，城市规模也比较大，人口都在2万—5万人，跟当时英国首都伦敦差不多属一个行列。

为什么称威尼斯为最早的资本主义之国？它留下哪些历史遗产？

可以说，威尼斯将传统社会中的商业和国际贸易发展到了极致。

威尼斯以商业立国，全民皆商，几乎所有市民都与商业相联系。不论是水手、工匠，还是商人，"所有的威尼斯人都是商人"。威尼斯大议会说，威尼斯的伟大在于它的商人遍布世界。所有的威尼斯人，上自总督，下至平民，都认为经商很体面。威尼斯的大使和官员要经常报告商业情况，总督亲自从商，就连神父也不拒绝商业利润。

有人这样形容威尼斯，"它的政府就是一个股份公司；它的总督，就是它的总经理；而元老院，就是它的董事会；它的人口，就是它的股份持有人"。

威尼斯可称为处于胚胎状态的商业资本主义之国。说它是资本主义，是因为它给近代西方资本主义留下了丰厚的历史遗产。这里讲四点。

首先，威尼斯以及意大利城市培育了许多现代经济理念。我们列举一些：

一、**商品货币意识**。传统农业经济主要目的是为了基本生活需要，是"谋食"，生产的物品只要满足需要就行，而不必衡量它的价值。而商业的基础则是以货币为中介的商品交换，于是社会逐渐形成新的认识，即各种有用的物品都可用货币来衡量，都可以转换成货币，再用货币自由换取别的物品。这种商品货币意识，促使各种活动商业化，各种物品商品化。商品货币意识渗透农村，还促使庄园领主将农奴的劳役地租折算成货币地租，最终引起封建农奴制和庄园制崩溃，封建关系瓦解。这一过程最早出现在意大利。

二、**市场意识和进取精神**。商人经营的产品，是用来卖给他人的，需要有市场。这就培养了开拓市场的意识，就是说，每进行一种新商品的经营，应该看有没有销售市场。或者反过来，了解到市场需要什么，就可以去经营什么。因此开拓市场就成了商人的头等大事。开拓市场有纵深和横延两个维度。纵深是指不断提升已有市场的消费档次，横延则指不断扩大消费者体量。扩张市场，这就需要进取冒险精神，要敢于闯入陌生世界。

三、**财富追逐和增值意识**。这是一种社会价值观的改变。过去财富只被看成维持生存的手段，而商业使得财富变成可以增值的资本。新的财富追求观念，是欧洲现代文明兴起的主要经济驱动力。

四、**新的商业观**。积累财富的快捷途径是商业，因此人们开始改变对商业和商人的成见。商业的重要性和商人的作用日渐被认识。社会各阶层出于各种需要，不得不与商业发生联系，对商人存在一定程度的依赖，因此逐渐放弃以往的轻商贱商观念，对商业和商人重新审视、重新评价。于是商业从经济边缘走到了舞台中心，商人在经济运行系统中成为关键角色。

五、**新的消费观**。基督教对现世生活奉行苦行主义。商人致富后，不可能面对大量钱财无动于衷，而是将之用于消费，改善生活。基督教的苦行主义最先遭到商人的质疑。而消费能够刺激生产，是生产发展和创新的原动力之一。

除了以上理念，商业还奉行一些基本原则：

一、**平等原则**。这一点极为重要。商业交易进行时，双方作为交易者的身份是平等的。商品价格的高低与商品主人的身份高低不相干。即便是领主购买商品，也必须承认对方的平等身份和独立意志。这就大大冲击了等级森严的西欧封建社会秩序。商业越发展，平等原则就越重要。

二、信用原则。其产生也与商业买卖行为有关。由于缺乏货币，买方不能及时结账，因此开始赊账，进而发展出信用制度，这是买方信用。还有"卖方信用"，即买者预付货款，卖方在约定时间将货物交给买方。这也是对紧俏物资预订的办法，如意大利商人订购英国羊毛，通常是先交定金，甚至是全部货款。这样，13、14世纪欧洲建立起了一个信用网络，威尼斯和意大利是这个网络的中心。

三、契约原则。这是商业信用原则及平等原则的延伸和固化保障，延伸到社会各个领域，固化为文字，白纸黑字，签名画押，契约双方无论身份贵贱，均需严格遵守。

其次，威尼斯和意大利开创了许多现代经济运行方式。主要有：

一、现代会计制度，以复式记账法为核心。以往的记账都是流水账，只查看最后的余额。而复式记账法一账两记，收支两条线，便于成本核算，获取最大的利润。最早的复式记账法及账本见于威尼斯等城市。15世纪威尼斯档案中还保留了许多公司的复式记账本。据说，16世纪德国大商人富格尔就是在威尼斯逗留期间学会了复式记账法，然后把这一技术带回奥格斯堡。

二、汇票。13世纪意大利商业革命的最大特征之一就是出现了汇票制度，商人不再随货物而行，货物由专业运输公司承运，交易结算另有专门信使负责送达汇票，再由代理商兑换成现金。这是现代汇兑制度的发端。它对当时商业的发展有直接的促进作用。商人坐在自己家里就完成了买卖，由此以往的行商变成了坐商，商人不用亲自押送货物，可以雇用代理人，这就大大有利于业务扩充。

三、银行。中世纪意大利出现的银行，其最重要的功能之一是将社会闲散资金集中起来，然后贷给需要资金又有信用的商人，现代银行信贷制度由此产生。意大利的银行最先就是因为威尼斯等从事的远程航海贸易需要大量资本而催生的。同时，商人的业务结算也可通过银行来转账，这种银行间的转账，在威尼斯和热那亚等城市普遍运用。

四、保险。保险的基本原则是让灾难损失降低到最小程度。先是商人将自己的货物分装在多条船上，或者说一条船上装了多个商人的货物，避免"鸡蛋装一个篮子里"，减少损失。而专门的保险机构最早也出现于意大利的地中海贸易。随着商业发展，保险业在14世纪已为热那亚、威尼斯的人们所熟知。

五、现代公司制度。现代公司制度的核心就是合伙投资，以及投资者与经营者相分离。这种合伙行为及公司制度在意大利出现了好几种形式，如卢卡的社会合伙制，佛罗伦萨的家族公司制，而威尼斯主要采取以家族为核心，也吸收家族外资本的合伙制。威尼斯航海贸易盛行合伙，这能避开"货物装一条船上"的风险，合伙使得损失大家一起分担。最先是临时性协作形式，即每次商业航程多采取合作航行，通过共同所有或合作方式将责任分摊给各个合伙者。这样又有了船只合伙制、船队合伙制。临时性船队合伙制有的还转变成了持久性甚至永久性的合伙。与另几种合伙或公司制度比较，威尼斯的家族合伙制有核心，也更为灵活，资本更具有流动性，资本的转移和转换更便捷，这样也更能发挥资本的效用和力量。

再次，宏观地讲，威尼斯等意大利城市的国际贸易活动，不光是打开了西欧与外界接触的商业通道，而且也在西欧形成了一个相当完整的商品流通国际体系，促使西欧经济的整合与分工，形成了后来全球贸易体系的初步基础。它也具有示范效应，即向西欧其他地区展现了与东方贸易交往的必要性，展示国际贸易对自身、对整个西欧带来的利益和好处，这就奠定了西欧人进行更大范围国际贸易的心理基础。探寻和开辟新航路之举在很大程度上应该受到了这种心理的驱使。所以，对后来全球性贸易模式的形成，威尼斯可以说是开创者。

最后，威尼斯和佛罗伦萨还培育了近代国家的政治形式。现代人一说到资本主义宪制和代议制的起源，言必称英国的大宪章和议会、法国的三级会议。但必须清楚的是，英、法这些政治形式在中世纪王国政治中并未起到关键作用和决定性作用，只是到了17、18世纪才被资产阶级政治思想家奉为圭臬。其实，最早将近代国家政治形式呈现给世界的，是意大利的威尼斯和佛罗伦萨。当阿尔卑斯山北欧洲正由分散的封建国家走向统一的民族国家、绝对制君主成为国家的灵魂和标志时，近代政治形式已在威尼斯和佛罗伦萨萌生并接近成熟了。因此19世纪著名历史学家布克哈特说，"意大利人成了近代欧洲的儿子中的长子"。

近代政治形式的几条基本原则，在威尼斯和佛罗伦萨都具备了：

一、近代政治精神或政治意识。这就是，国家不再是哪一个人的国家，而是全体成员的国家，全体成员都对国家命运表示关切，全体成员都介入国家事务。国家事务"是全体人民所勤奋研究的问题"，而且人民还要求政治上不断出新。

二、近代国家的政治手段，即国家内部治理和对外政策的精心结合。内部稳定团结是基础，外交政策是为国内政治服务的。国家"是深思熟虑精心设计的结果"。譬如商业活动向一切人开放，最贫困者也能获得丰富的报酬，使他们不至于去注意政治问题而变成社会危险分子，城市国家内部更加团结。在外交上则周密而冷静，避免陷入党派之争，避免卷入永久的联盟。

三、近代国家的政治机构及相互制约。城市共和国里立法、行政等机构分立，各司其职，但又互相牵制。威尼斯的元老院是最重要的国家权力机关，它决定大政方针，批准一切法令。十人委员会是元老院的常设机构，它的决定具有法律效力，它甚至可以废黜总督、决定总督生死。元老院之外的大议会，是威尼斯的最高立法机关和监督机关，它可以选举元老院成员。大议会对总督也有很大监督权。总督虽然行政权力大，但须按"总督誓词"遵守种种限制和规定。要知道，这种机构分立、各司其职、相互牵制的思想，英法直到17世纪的洛克、18世纪的孟德斯鸠才有了系统阐述并理论化。

四、现代政治运行中的官僚制度，也在威尼斯等意大利城市最早发端。除了城市主要官员由选举产生外，市政机构中还有许多常任公职人员，其就职有任命、推荐、考试选拔等多种方式。由常任官吏来执行行政职能，是近代国家与中世纪相比的极大进步。中世纪西欧的割据封建制君主时代，王室是国家权力中心。等级君主制时期，议会成为非常设政治机构，并逐渐形成由国王和贵族组成的朝廷，可称为贵族政治时期。西欧民族国家从贵族政治转变为官僚政治，开始于16世纪；而迈开向近代国家转变这一步的先驱，是威尼斯等意大利城市。

威尼斯的政治制度，威尼斯人自己也很欣赏。他们相信，他们的混合型宪制是城市共和国政治与社会稳定的基石。16—19世纪，英国、荷兰以及美国人都将威尼斯制度的稳定性，作为宪制理论和政治实践中的一课。

威尼斯及意大利的失败

为什么说威尼斯及意大利失败了？一方面从纵向看，中世纪威尼斯及意大利本是西欧最发达的地方，却没有率先走向资本主义全面发展，并且在16、17世纪走向衰落，自此一蹶不振；另一方面从横向看，当时西欧的政治格局，那就是原本落后的英国、法国却兴起民族国家，原本先进的意大利没有形成民族国家，结果既没有在同传统型军事帝国奥斯曼的较量中取胜，还成了法国等新兴民族国家入侵的对象。

从历时性看，威尼斯和意大利的失败，实际上是传统社会框架下商业资本主义的失败。我们从以下两点分析。

其一，这是由传统商人资本的本性所决定的。商人和商业虽然对社会发展起了巨大作用，譬如激起整个社会的市场意识和商品意识；能快速地积累财富和积聚资本；能充当生产者和消费者之间的中介，更快地把产品推向市场，使商品价值尽快实现，但商人的独立发展往往又与社会经济发展成反比。马克思还特别提到，这个规律在威尼斯人等经营的转运贸易的历史上表现得最为明显。

这是因为，商人资本在社会总财富中所占有的比例越大，也就越挤占社会投向再生产过程的资金，从而放慢以生产为基础的社会经济整体的发展速度。而且，商人资本越大，它获取社会总利润的比例就越多，产业资本能得到的利润就会越少，这就要影响产业资本投入生产的积极性，减少社会投向生产领域的资本量，使产业发展受到影响。

商人资本越独立发展，它所形成的社会经济活动能量就越大，对社会财富的支配能力就越强。利用这种支配力，商人资本就会极力保证自己获取最大的商业利益，夸大商业和流通的作用，贬低商品生产本身的意义。

商人资本在各种社会形态下都能生存，具有较强的适应性，因此它对生产的变革不会很感兴趣，甚至还可能去干扰社会变革。商人资本既然不直接从事生产，也就难以成为新生产力的代表。纯粹的商人只对维持商业垄断感兴趣。所以，在商人资本占优势的地方，过时的状态往往占着统治地位。威尼斯就是这样，资本主义生产的萌芽在这里并没有广泛出现。

商人资本的兴趣与活动范围既然在商业领域，那么他们所热心的主要是在商业市场最大限度地牟利，因此他们对商业的关切甚于对生产的关注。因此尽管威尼斯有丝织、造船、玻璃制造等著名工业，但15世纪威尼斯总督在列举该城富人时，没有提到工业富翁。

其二，威尼斯及意大利的经济结构有它的脆弱点。可以说，中世纪威尼斯的最大优势，是它经济活动的外向性和商业性，但这也是它的脆弱点，因为过度的外向性和商业性，造成了它的经济结构偏畸状态。一旦国际环境变化商路转移，这个脆弱点就会被击中，从而引起全面崩溃，"覆巢之下，焉有完卵！"尤其是威尼斯，它的地中海东方贸易有三个明显弱点：

一、威尼斯是为整个西欧服务的。那么，你可以为整个西欧服务，别的地方同样可以为西欧服务，看谁的条件更好。威尼斯的地中海贸易占了地利优势，但奥斯曼土耳其堵塞了地中海航道，威尼斯的优势就丧失了；要开辟新航路，只有从大西洋出发另找，那么找新航路的主动权就掌握在大西洋畔国家手中；找到了新航路后，西欧的国际贸易中心也就自然而然转到大西洋了；发现了新大陆，可这个新大陆在大西洋对岸，离西欧那些大西洋国家更近。

所以有个很有意思的现象，虽然开辟新航路是西班牙、葡萄牙国家主导的，但许多航海家、探险家如哥伦布、亚美利哥是意大利人，说明意大利人也看到了开辟新航路的必要性，无奈它在欧洲内地，手难以伸向大西洋。

二、威尼斯是纯粹的商业、国际贸易，即使发展了造船、玻璃和丝织三大支柱工业，也是与其国际贸易相联系的（玻璃制造技术从地中海东部学来，丝织业的原料来自东方），或是为其贸易服务的（造船业）。就是说，它虽然参与甚至掌控了国际贸易，但它的国际贸易不是出口贸易，没有国内的生产根基，它交易的货物大多不是自己生产的，所以贸易量要受很大限制。

这里的一点教训是，没有国内生产作背景的国际贸易，随时都可能衰退。

三、它是转运贸易。它的货物来自东方，要受东方政治经济气候的影响；它的市场在欧洲各地，要受欧洲各地政治经济环境的影响；货物是由海路从东方运到威尼斯，可海运有两个风险，即海上风暴和海盗抢劫；货物往欧洲各地转运的路上，也有海上风暴、海盗，陆路的艰难（如翻越阿尔卑斯山）、领主们的收税关卡，路途上匪徒的抢劫等。

这些影响因素有的可以克服，有的是主观上再努力也克服不了的。威尼斯是这样，其他商业城市也是这样，就连佛罗伦萨和米兰这样的手工业城市，原料供应和产品销售都依赖国外，同样摆脱不了这种被动的命运。

横向比较是在15、16世纪西欧格局大变化的情况下，威尼斯和意大利未能把握时代脉搏，从而使其国际地位江河日下。这也可以从内外两个维度分析。

从内部原因来说，威尼斯及意大利经济的外向性和商业性，意大利各城市的独立性（实即国家的分裂性），使得意大利难以统一，难以形成民族国家。

这里的前提是不要把11—16世纪的意大利看成一个国家，它只是一个地区。几乎每个城市都是政治实体，是城市国家，每个城市都有自己控制的地区，各自为政，别的城市难以染指。

它们大多以商业或国际贸易为主，或者介入了国际贸易和国际金融。这是种同质化的经济结构，各城市国家在国际市场上竞争激烈。它们的主要精力都放在国际市场上，而且各自为政，对国内市场和国内经济漠不关心，使得意大利缺乏统一诉求，缺乏统一意识，更谈不上形成集权型的民族国家。

没有统一国家，当然也就难以建立强大军队。城市间哪怕有联合，组成的联军也只是临时性的，暂时性的。当时，文艺复兴代表人物如但丁、马基雅维利等呼吁意大利统一，大多数城市似乎也有统一的愿望，但它们不是依靠自身的团结和奋斗，而是寄希望有强大的超城市力量，对此几乎每个城市都有两党之争：圭尔夫党支持罗马教皇作为意大利统一的领袖，吉白林党则希望德意志皇帝帮助意大利统一。整个意大利政治混乱，建立统一的民族国家遥遥无期。

而外部的西欧格局此时正在发生剧变。这时候，英国、法国、西班牙、葡萄牙等国正在形成专制君主制的民族国家，国家统一，力量强大。当然也不是所有的民族国家都取得了成功。西班牙、葡萄牙发现了新大陆，开辟了新航路，为世界市场形成奠定了地理基础，却没有利用这个正在形成的世界市场体系发展国内工商业，没有实行重商主义，结果它们的影响仅仅停留在对新大陆和东方的掠夺上，譬如开采美洲金银。

荷兰商业在17世纪达到顶点,海上马车夫驰骋世界各大洋,但它是用商业来积聚财富,甚至将商业财富转化为借贷资本,停留于传统思维,而不是努力发展产业,结果从17世纪的黄金时代下落为18世纪的假发时代。只有英国和法国,既建立了统一的民族国家、中央集权,又实行重商主义,积累财富,利用了正在形成的世界市场,发展国内加工制造业,促进了新式的资本主义生产。

意大利则始终是一盘散沙。与西班牙、葡萄牙相比,它没有建立统一的民族国家,也没有从新大陆和东方获得巨大财富;与英国、法国相比,它既没有建立统一的民族国家,也没有在新兴大西洋贸易中分得一杯羹,更没有重商主义为商业提供强有力的靠山,并扶植国内工业发展。差得太多了,所以意大利基本上不构成同英、法等国竞争的对手。结果在16世纪晚期,意大利连自己的老阵地——东方贸易也被大举南下地中海的荷兰商人和英国商人取而代之了。

政治上的分裂,不可能抵挡住外族侵扰,在中世纪,意大利南部长期被诺曼人占据或西班牙人控制;意大利北部和中部则是各城市相互厮杀。城市国家为战胜对手还引狼入室,1492年意大利米兰大公密邀法国人出兵,由此引起了长达半个多世纪的意大利战争。

法国人、奥地利人、西班牙人、德国人、匈牙利人甚至瑞士人轮番在意大利土地上作战,分裂的意大利几乎束手无策,任凭外国人在自己的国土上蹂躏,甚至还得为入侵者供应粮食和营地。战争把意大利的家底掏空了。

面对强大外部力量如奥斯曼帝国,威尼斯在巴尔干的版图被侵占,整个意大利都处于守势。即便1571年勒班陀海战取得胜利,那也是威尼斯与西班牙、教皇国、热那亚、马耳他等联合作战的结果,而且这一胜利被讥之为"没了下文的胜利",最多只是阻止了奥斯曼占领意大利和整个地中海而已。

威尼斯建立了一个国际贸易体系，也在贸易运转中催生了许多具有现代性的事物，但由于经济发展方向仍局限在传统商业框架内，因而面对西欧新的格局变化便显得无力，未能往前推进至新的时代，反而迅速衰落。

威尼斯既不能抗衡军事强大的传统型帝国奥斯曼，也在与新兴民族国家新贸易体系的博弈中无力较量。它的历史遗产之一是作为先行者为欧洲贸易和经济的扩张提供了一个"准全球模式"，但它自身的命运颇为悲戚，从西欧的核心地区沦落为半边缘地带。

威尼斯共和国虽然延续到18世纪末，但在西欧基本上没有存在感了……

2

哈布斯堡帝国的称霸图谋与失败：政治经济和地缘战略图景

时殷弘

国际政治学者

哈布斯堡家族是欧洲历史上最著名的几大家族之一，其传奇性使之多次被拍成影视作品。中国当代一流国际政治学者，国际战略家时殷弘将从哈布斯堡帝国两次称霸图谋的失败为我们介绍其统治时期涉及的政治经济和地缘战略。

现代国际体系的起源：体系层次与单元层次的透视

与其他许多基本的历史大事态一样，中世纪国际秩序的瓦解和现代国际体系的浮现是个相对漫长的过程，很难定出细致明确的时间上的端点。但是，如果有必要确定一个既便利又可成立的标志性年代的话，那么多位历史学家和国际体系演变考察者都倾向于将其定为1494年。

现代国际体系最初始于1494年，首先是因为现代国际体系不仅理所当然地被普遍认作中世纪国际秩序的取代者，还被广泛地认为是文艺复兴时代意大利城邦国家国际体系的后继者，而这一体系却毁于1494年法国入侵意大利。

在某些基本方面，文艺复兴时代的意大利国际体系是现代国际政治的某种雏形。它有着明确的地理界限，即亚平宁半岛，又有着富有特征的文艺复兴文化和文艺复兴时代意大利的经济、技术方式作为其基本环境；它的组成单位是各个独立的意大利主权城邦国家，就此而言（亦就其共同的文化而言）是同质的体系成员；体系的结构是多极化的，在其存在的大部分时间内五大主要城邦——威尼斯、佛罗伦萨、米兰、那不勒斯和热那亚——相互间权势分布大致均衡；在各城邦国家的相互交往方式方面，有着以常驻外交使节为最著名特征和最重要创新的、由此带有现代色彩的外交，还有大体规则化的频繁的贸易，连同常见的有限战争和干涉内政（包括其当时并非罕见的极端形态即颠覆）；多面的甚或比较精细的国际规范也发展起来，其中比较著名的不仅是关于外交使节和外交方式的规范，还有某些关于大国局部协调和限制大国间战争的规范。[①]

就其对现代国际政治的肇始的意义而言，文艺复兴时代意大利国际体系内的如下基本事态至关重要，那首先是马基雅维利的著作得到了影响深远的思想提炼和传播：在基督教观念碎为尘土、古典观念脱颖复出的环境，从宗教和道德分离出来的"政治——一种早先被驱逐了的艺术——上升到至高无上的优越地位。由于在帝国衰朽、教廷乏力的时候不存在任何一套压倒一切的法则，在各政治单位中间便兴起了一种无法无天、冷酷无情的斗争，它导致了恺撒式的专制僭主的出现。

"这一可怕的自然选择过程导致了五大国，它们由于没有能力互相摧毁，不得不在一种平衡状态中容忍对方的存在。于是，希腊体系或无论如何希腊化体系崩溃后的第一个国际体系问世了，那是欧洲体系的先驱"[②]。

1494年初夏，意大利体系内部愈益肆无忌惮的权势政治终于导致米兰摄政鲁多维科·索尔扎做出了一个灾难性的决定：以许诺助其征服那不勒斯和占领热那亚为报酬，邀请阿尔卑斯山外面的法国国王路易八世发兵意大利。路易八世趁机大举扩张。

直到后来，意大利的国务家们才明白是索尔扎引狼入室导致的全意大利灾祸，而他们能想出的唯一补救办法是模仿索尔扎，同样引狼入室地邀请西班牙遣军驱逐法国人。意大利国际体系崩溃，亚平宁半岛成为刚开始浮现的现代欧洲国际体系内由列强激烈争夺的一个附属部分。或者还可以说，西方国际构造的重心从意大利和地中海西移至北大西洋东岸。

然而，特别是按照著名国际政治学家乔治·莫德尔斯基的论说，

---

① 霍尔斯蒂：《国际政治分析框架》，第3版，第2章第3节："文艺复兴时代意大利的国际政治"。又见马丁利：《文艺复兴外交》，第5章和第9章，分别题为"文艺复兴环境"和"1455至1494年的'意大利协调'"。

② 德约：《不牢靠的平衡》，第24页。

1494年被当作现代国际体系和现代世界政治的开端并非只是因为上述事态。还有个原因是在1494年，同时期展开的航海大发现和由此起步的欧洲海外扩张导致了第一个全球性体制于1494年出现，那就是该年6月初（仅比路易八世出兵意大利早七周），西方海外事业的起初主角葡萄牙和西班牙派代表在西班牙西北部小镇托尔德西拉斯缔结条约，规定将全球大洋航海、远洋商业和殖民权力沿东经48度线左右（穿越巴西亚马孙河河口附近）划为东西两大范围，分别由葡萄牙和西班牙垄断。托尔德西拉斯条约的更广泛意义在于创设了"一个支配全球层次交往的体制，世界上第一个全球性政治体制"①。

现代国际体系在初生时期，多有历史里程碑性质的重大新事态。除了该体系前述的最初起点即法国入侵意大利外，此类新事态首先在于欧洲全球性扩张及其对世界政治巨大影响的发端。从此发端，国际政治格局的演变中间最根本的动态之一是往后450年里世界权势重心逐步西移。

德约曾就17和18世纪英属北美殖民地的逐渐壮大来谈论了这一权势转移："海域将欧洲的能量从内陆吸引到它的西海岸，发展了海军和殖民力量，加强了海洋国家内的这两者，并且最终将它们集中于欧洲西岸外的（英伦）海岛。现在，从该岛本身的权势转移开始了。正如注满喷泉盛盘的水溢入下一个盛盘那样，权势现在从该岛进一步往西越过大西洋。"②

值得提到的是，在这演进的起始阶段，后来从未起过任何较领先作用的葡萄牙曾是火车头。很大程度上可以说，大西洋和印度洋航海探险，

---

① 莫德尔斯基：《世界政治中的大循环》，第69页。
② 德约：《不牢靠的平衡》，第118页。

连同新的东西交通路线和全球"环状构造"的创立（它取代了先前威尼斯为枢纽或中介的"旧世界线性体系"），是葡萄牙做出的一大富含世界历史意义的创新。[1]

葡萄牙这个拥有天然良港的半岛既坐落在从地中海至佛兰德的欧洲当时首要航路上，又具备遣送船只远航大西洋和非洲海岸的极佳位置；它到14世纪时已达到很高的民族整合和凝聚程度，甚至可被认为是西方历史上第一个形成并得到巩固的民族国家；它具有远距离贸易、造船业和其他相关产业见长的经济特征，加上以14世纪末政治变革造就的、君主与城市诸阶级联盟的政治特征。

15世纪，葡萄牙迈出了逐步实现世界历史性创新的一系列步伐。首先是在该世纪20年代发现和开发了亚速尔群岛和摩洛哥海岸外的马德拉群岛，继之以1434年起沿非洲西海岸的探险和建立贸易据点活动，其次是1487年巴托罗缪·迪亚士远航发现好望角，最后臻至1498年达·伽马开辟到达印度的航路。

葡萄牙国王对所有这些活动起了鼓励、组织和领导作用，它们导致了对大西洋和印度洋上一系列岛屿的占领和殖民，开启了洲际远洋贸易，显著优化了远洋航行技术，并且形成和发展了适合于远洋任务的新型船只。

1500年后的几十年里，葡萄牙大致每年都向东方派出舰队；"到1515年已经出现一个从纽芬兰海岸外的鳕鱼渔场和巴西到东非、波斯湾、马拉巴尔海岸和香料群岛的世界性网络。……现在可以从每个地区（或网络）经大洋到达其他每个地区。"[2]这就是初露端倪的全球性政治经济。

---

① 莫德尔斯基：《世界政治中的大循环》，第70页。

② 同上，第73页。

　　甚至更重要的，是现代强国的最初浮现和形成——现代国际体系初生时期具有历史里程碑性质的另一重大新事态。它们包括三个初始的西欧"现代性"强国，即法国、英国和西班牙，外加一个与之并立的"传统型半旧帝国"，即哈布斯堡奥地利。

　　随百年战争在1453年结束、英国差不多被完全逐出欧洲大陆，法国终于可以将其精力转向巩固自身和寻求并追逐对外政策的新方向。英法百年战争的根本结果之一，在于法国王权在战争中得到了强化和改进，封建贵族势力遭到削弱，传统的中世纪社会等级及其体制表现（主要是三级会议和巴黎高等法院）失去了原有的重要性。这个过程在战后继续进行并且加速。

　　1461年起，依靠联姻、战争和购买的各种手段，"伟大的国土聚合者"路易十一及其后的查理八世和路易十二基本完成法国的领土统一。与此同时，部分地得益于法国人在百年战争中兴起的民族自豪感和爱国精神，法国基本实现了政治统一，依靠的是多方面典型的中央集权措施。①

　　"在百年战争之后的几十年里，相对于英国、勃艮第和布列塔尼之聚合国王领土，不经向三级会议申请而征收直接税（特别是人头税）之惯例，新的国务大臣之连续不断的行政工作，一支配备有强大炮兵的'王家'陆军的存在：所有这些使法国显得是个成功、统一和后封建的君主国。"②法国现代强国化的肇始就是它作为中央集权国家的最初浮现。

　　在其最初阶段，英国的现代强国化尤其依凭其财政和商业成就。英国复兴的关键，是1485年开始的都铎王朝的首位君主亨利七世集中于国

---

　　① 周桂银：《欧洲国家体系中的霸权与均势》，陕西师范大学出版社，2004年版，第34—35页。

　　② 肯尼迪：《大国的兴衰》，第57页。

内稳定，并且认真奉行节流开源的财政政策，至少在百年战争结束后是如此。一方面，他削减王室开支，努力付清债务，鼓励商业和渔业，使英国在长期内战和国际战争后得以休养生息，从而让社会凭其较优良的实业传统和优越的地缘经济位置自发地"成就其余"①。

另一方面，他收复王室领地，夺取失败了的叛乱贵族和王位争夺者的土地，从增长的贸易中获得关税收入，从王室法院和其他法庭的运行中赚取利得，所有这些导致了一种在现代早期往往欲求而不可得的相对健全的国家财政能力。与此同时，随欧洲重心由地中海向北大西洋沿岸转移，英国开始开发和得益于自身特定的海洋性地缘政治经济潜能。在百年战争中的最终失败实际上对英国的未来大有好处，因为被逐出欧洲大陆大有助于它获得"一种新的、被牢固界定的（和独特的）国家人格"，"发现了海洋原理这一神赐之物"②。

经济上，英国社会开始享受海洋交通便利和与西欧、中欧及西南欧之间愈益发展的贸易网络，由此塑造自身的工商业繁荣；英国王权得以集中精力压抑封建贵族，增进国内安宁和城乡秩序；对外政策上，英国国家经由亨利八世的首席大臣托马斯·沃尔西红衣主教，开始走向生成16世纪末期往后300多年英国对欧洲大陆的根本国策传统，那就是"居间制衡"，扶弱抑强，以保障英国本土安全与其海外优势。③

与法国和英国的相关轨迹一样，西班牙作为现代强国的最初浮现有其鲜明的民族特性和历史道路特性。可以说，西班牙从外族优势之下的分裂赢弱状态，急速兴起为统一强盛的欧洲强国，甚至在半个世纪的时

---

① 肯尼迪：《大国的兴衰》，第59页。

② 德约：《不牢靠的平衡》，第29页。

③ G. M. 屈味林：《英国简史》（G. M. Trevelyan, *A Shortened History of England*），米德塞克斯郡哈蒙兹沃思1959年版，第214页。

间飙升为"普遍帝国"的觊觎者和积极追求者。

它的火箭般的腾升开始于1469年，当时伊比利亚半岛两个最大的王国阿拉贡和卡斯提尔联姻组成西班牙王国。然后，其共同君主——阿拉贡的斐迪南和卡斯提尔的伊莎伯拉以战争为工具，动员萌发中的天主教西班牙民族主义，将异族和异教的摩尔人和犹太人逐出伊比利亚半岛，收复格林纳达，同时兼并北部的纳瓦尔。这场著名的"收复失地运动"实现了领土统一，造就了那个时代欧洲最为善战的陆军，引发和强固了西班牙人对天主教的热烈笃信，促进了西班牙民族国家的形成。[1]

新近兴起的这个民族国家同时也是个初始的中央集权国家，两位开国君主创立有效的中央官僚体制，一种大得人心的专制君主制由此兴起，大贵族遭到压制。不仅如此，对外的扩张趋势与国内的集中趋势并立：得益于比邻大西洋的半岛位置和差不多与葡萄牙同时迸发的远洋航海动能，西班牙迅速征服了中南美洲，从而得以源源不断地获取大有利于国家财政强盛的大量白银。西向越洋扩张"为这个冒险好战的民族开辟了新的去处，而没有同时干扰它的大陆特性和使西班牙发展为一个海军和商业强国"[2]。

非常重要的是，法国、英国和西班牙这三个开始浮现的现代强国，连同开创航海大发现的葡萄牙，都是最初的现代民族国家。现代历史上最大的创新之一，就是民族国家。就现代民族国家的浮现而言，不仅需要强调法国、英国和西班牙的上述国家统一和中央集权趋势，还需要提

---

① J. H. 埃利奥特：《西班牙帝国（1469至1716年）》（J. H. Elliot, *Imperial Spain，1469—1716*），纽约1963年版，第77—85页。该书作者是当代英语国家里研究哈布斯堡西班牙帝国的头号权威。

② 德约：《不牢靠的平衡》，第31页。在这么一个白银帝国和热烈笃信天主教的国度，"工业和商业，事实上整个现代劳作伦理，不可能繁盛"，在驱逐了比较热衷于工商的犹太人和摩尔人后尤其如此。同上，第30页。

到伴随这一重大历史事态的一种思想更动，即新起的欧洲民族国家或现代强国为了建立起中央集权国家，弘扬和维护各自的对内对外的主权地位，举起了在现代政治思想开端时代至关重要的君权神授、国家主权、国家利益学说等理论思想旗帜，向天主教会、皇帝、大贵族、宗教派别和所有分散性的封建离心势力开战，力图尽可能全面地树立统一和至高的国家权威（在那个时代即君主权威）。[①]这可以说是现代民族国家最初的意识形态创新。

与法、英、西三大初始的西欧现代强国并立，有一个由王朝联姻和领地继承而来的"传统型半旧帝国"，那就是哈布斯堡奥地利。与上述三国走向领土集中的现代民族国家趋势大相径庭，哈布斯堡奥地利的特征是领土愈益分散，民族内涵愈益庞杂。起始于12世纪初的一块公爵领地，哈布斯堡家族的统治区域依靠联姻、购买和战争逐步增大。

特别是1493年马克西米连大公即位并于1508年成为神圣罗马帝国皇帝后，奥地利主要通过联姻和继承，先后获得了英吉利海峡南面的勃艮第和富庶的尼德兰，继而将波希米亚和匈牙利添入版图。哈布斯堡联姻式扩张的最大成果，是马克西米连成功地使其子腓力婚娶西班牙开国君主之女琼，囊括卡斯提尔、阿拉贡、撒丁、西西里和意大利南半部的巨大的西班牙本土和属地，由此归属哈布斯堡家族。[②]

1519年，马克西米连为继他成为神圣罗马帝国皇帝的孙子查理五世留下了一个大帝国——分割为好几大块的哈布斯堡帝国，其远非聚合的疆土上存在众多互相间大不相同的政治、社会和民族构造，说到底仅由旧式帝国的王朝权力这远非现代的因素联结起来。但是，它在现代国际

---

① 周桂银：《欧洲国家体系中的霸权与均势》，第42—50页。

② 肯尼迪：《大国的兴衰》，第32—34页。

体系的远未定型的婴儿时代，依凭其庞大的规模和相应的资源，依凭普遍帝国野心、天主教反宗教改革狂热和神圣罗马帝国虚名的残存影响，仍可作为一个头等强国掀起趋于扼杀现代国际体系的历史巨澜。①

1494 至 1559 年，上述欧洲四强和其他一些欧洲国家错综复杂、断断续续进行了前后共 66 年的"意大利战争"。这是初生的现代国际体系内第一场有全局意义的重大战争，或者更准确地说现代国际体系就是在这场漫长的战争中浮现的。战争的起点便是法国国王路易八世发兵意大利，战争的主角是法国与西班牙。

总的图景变化多端甚而扑朔迷离，但可以最概括地说，从 1494 至 1515 年法国极力挑战欧洲现状，力图夺得意大利事务主导权，并且树立法国在欧洲的优势，西班牙则极力组织囊括奥地利、英国、教皇国和若干意大利城邦的武力反法阵线。

1515 年以后，西班牙转变为意大利乃至欧洲霸权的积极追求者，法国则几次组织有时甚至包括异教的奥斯曼土耳其在内的大同盟，以遏阻和抗击业已统领西班牙和奥地利的哈布斯堡家族。②

结束意大利战争的《卡托·堪布累齐和约》表明，法国在意大利的势力大多已被西班牙取代。然而，这只是意大利战争的一部分结果。这场战争对欧洲历史进程有更巨大的影响：它直接导致意大利国际体系的崩溃，意大利成为现代欧洲国际体系内的一个附属部分；它逐渐地将法国和西班牙以外的中西欧诸国（包括英国、奥地利、德意志诸邦和瑞士

---

① 德约：《不牢靠的平衡》，第 32—34 页。关于现代早期欧洲强国的浮现，除前引各项有关著作外。

又见马丁利：《文艺复兴外交》第 12 章"欧洲列强"和戈登·克雷格、亚历山大·乔治：《武力与治国方略》，商务印书馆，2004 年版，第 1 章"列强的浮现"。

② 意大利战争的简要过程见肯尼迪：《大国的兴衰》，第 26—27 页，比较详细的论述见马丁利：《文艺复兴外交》，第 13、14、17、18 章。

等）卷进去，甚至开启了欧洲国际政治与奥斯曼土耳其之间至关重要的联系，从而为一个范围广大和多元的欧洲国际体系奠定了基础；它将意大利国际体系的一大创造——常驻外交使节制推广到差不多中西欧全境，从而制度性地促进了欧洲现代国际社会和现代外交体系的形成；[①]它与德意志宗教改革战争相交织，由此助成现代国际关系史上首次"普遍帝国"图谋——哈布斯堡查理五世的霸权图谋的失败。

---

① 周桂银：《欧洲国际体系中的霸权与均势》，第32—34页。

查理五世的称霸图谋与其失败

1500年，令哈布斯堡疆土急剧扩增的那场婚姻——马克西米连之子腓力与斐迪南和伊莎伯拉之女琼的联姻产下男嗣查理。他15岁成为勃艮第公爵，一年后继承西班牙王位，称查理一世，然后于1519年接过祖父马克西米连的神圣罗马帝国皇帝之位，并且兼有在奥地利的哈布斯堡世袭领地，改称查理五世。

1526年，匈牙利国王路易在与土耳其人的战争中阵亡无后，遂使查理五世又能拥有对匈牙利和波希米亚的统治权力。至此直到他于1556年逊位为止，他统治着一个规模空前庞大的大帝国：世界史上第一个"日不落帝国"，而其欧洲部分的规模远超过中世纪早期以来的任何欧洲国家。然而，查理五世的抱负并不限于帝国的现成疆域之内。

查理五世的基本国策有三大主导思想：

第一，大致维持一个共同君主之下的庞杂的帝国构架，不更改其各个组成部分原有的政治形态和国体地位，不去构建一套共同和单一的帝国组织，也不促进帝国各部分间更密切的联系；

第二，争取欧洲霸权，即哈布斯堡应当建立一种对欧洲其他国家的领导地位，也就是一种并非直接控制式的霸权；

第三，面对冲击天主教"真信仰"、教会权威和帝国皇帝权力的宗教改革潮流，必须竭力维护天主教的绝对正统地位，扑灭德意志的新教运动，同时领导基督教世界将异教徒土耳其人的势力逐出欧洲。[①]

这些主导思想当中，后两者相当强烈地倾向于建立某种"普遍帝国"——多少近乎政教合一的哈布斯堡全欧主宰。

查理五世在位期间，其对外政策着力于与法国争夺控制欧洲最富庶地区意大利，力争剪除德意志的新教力量，将分散的德意志诸邦统一在皇帝之下，同时守护、巩固和扩大哈布斯堡帝国版图，争取包围乃至最终征服其最大劲敌法国。业已拥有西班牙王位的查理被选为神圣罗马帝国皇帝这一事件本身意义重大，它带来的近乎空前的巨型帝国急剧改变了欧洲形势，一下子使初露端倪的现代国际体系面临着极严峻的考验。

使事情更为严重的是，1525年法国国王法兰西斯一世在意大利北部帕维亚一役中兵败被俘，翌年被迫签约将西勃艮第和佛兰德割给西班牙，查理五世由此更是如日中天。

查理五世追逐霸权的过程展示了关于帝国主义和现代国际体系的若干重大问题，在此可以选择谈论其中三项：在现代欧洲国际体系的塑造和变迁方面，外部力量之重大影响的最初体现；查理五世称霸努力的"防御性"一面，即"为了安全的帝国主义"；哈布斯堡西班牙即使在查理五世时期就有相当严重的帝国"过度伸展"问题。

土耳其人对西地中海地区愈益增长的压力，事实上决定性地影响了16世纪西班牙的性质和演化。查理五世帝国发觉自己面对另一个可称专门为战争而组织起来的、拥有巨量金钱和人力资源的帝国，即奥斯曼帝国，后者对西班牙构成多方面的显著威胁，包括对其海岸发动海盗袭击，可轻易切断其西西里谷物供应航路，可利用依然众多的残留摩尔人从内部策应土耳其人对西班牙的入侵。

---

① 埃利奥特：《西班牙帝国（1469至1716年）》，第159—163、164—169页。

"因此，西班牙发觉自己处在战线前沿，是欧洲抵挡土耳其人攻击的一个天然堡垒。正是在这一点上，查理的帝国主义盛行起来。一个帝国想对付另一个帝国的袭击。阿拉贡王国各邦自身太弱，无法阻止和打退土耳其人的进攻，而卡斯提尔也需要一条境外防线。查理的帝国主义恰好提供了这一防线。他能够抽取他分布广泛的领地的财政和军事资源，利用他的热那亚盟友的海军力量，连同他的德意志银行家的贷款，来护卫意大利和西西里，因而保护西班牙本身，使之免遭奥斯曼帝国主义的杀戮。"①

至于在大致所有帝国的历史上都存在，而且往往最终成为致命的"过度伸展"问题，在近乎空前庞大的查理五世帝国那里也相当明显。特别是，按照西班牙帝国史的权威史家J. H. 埃利奥特的评判，他过度地卷入德意志问题和对法战争，以致不能实行一种对奥斯曼权势的持之以恒的进攻性政策。更广泛地说，帝国过度伸展导致尚武的西班牙总是在打仗，其中不少就其根本利益和发展而言毫无必要，甚至大为有害。"征伐永久化，意味着一个从事征伐的社会之陈旧过时的社会组织永久化。"这是16世纪哈布斯堡帝国的核心部分在体制和经济方面保持相对落后的一大原因。②

查理五世的称霸图谋终告失败。失败的主要标志是1559年的《卡托·堪布累齐和约》和1555年的《奥格斯堡和约》。前一项和约是法国、哈布斯堡西班牙以及英国缔结的，它虽然以法国放弃除萨伏依和皮蒙特之外的所有意大利领土结束了双方在意大利的争夺，但实际上也确认了法国东界经过战争大幅度推进，连同查理五世征服法国的期望完全破灭，

---

① 埃利奥特：《西班牙帝国（1469至1716年）》，第169—169页。
② 同上，第169页。

法、西两强间确立了大致的势均力敌局面。

更广泛地说，适才开始兴起的现代欧洲民族国家巩固了主权地位，庞杂分散的半旧帝国则在其普遍扩张途中被迫戛然而止，现代国际体系在初始的均势基础上显露雏形。后一项和约出自与意大利战争相交织的镇压德意志宗教改革的战争。立意弘扬天主教权威和帝国权势的皇帝1547年在缪尔贝格大胜德意志新教诸侯联军。

然而，正是这大胜，导致他的德意志同盟者转而对似将到来的帝国全权统治大为担忧。1552年，萨克森公爵摩里斯倒戈进击并无防备的查理五世，后者狼狈逃遁，其德意志政策随之崩溃。三年后，他被迫在奥格斯堡与新教诸侯缔结宗教和约，确定路德教派合法正当，规定各邦诸侯拥有决定其臣民的宗教信仰的权力，此即著名的"教随国定"原则（拉丁文: *Cuius region, eius religio*）。

由此，查理五世的帝国梦决然破灭，德意志不仅继续维持其政治分裂，而且不可更改地确立了宗教分裂。翌年，查理五世逊位，并迫于其弟奥地利大公斐迪南一世的坚决要求，将哈布斯堡帝国一分为二：其子腓力二世继承西班牙与其海外殖民地、尼德兰、意大利和法国佛朗什-孔泰大区，斐迪南一世则承袭神圣罗马帝国帝位，领有哈布斯堡帝国其余疆土。

在查理五世在位的近四十年里，天主教的法国始终是与之争战的首要力量，其动机完全是世俗性的。[1]最重要、最热烈和最坚韧的斗士是1515年起在位三十余载的法兰西斯一世。他实际上已有了比较自觉的欧陆均势意愿，并且将此均势和旨在均势的同盟体系构建当作法国安全的

---

① "随天平朝哈布斯堡倾斜，（法国）瓦罗亚王朝注定要通过越来越依靠与新教异端和土耳其人的联盟来促进击破'基督教世界'。"这实际上也开启了17世纪三十年战争期间黎塞留的根本国策。马丁利：《文艺复兴外交》，第150页。

前提。

帕维亚战役兵败被俘后，法兰西斯一世虽然被迫签订割地条约，但获释后迅即毁约，继续战争，并且决然迅速构建起法国的大同盟体系。这个体系由三部分组成：东方体系，包括土耳其、波兰和特兰西瓦尼亚；中欧体系，包括瑞士和德意志新教诸侯；南方体系，包括威尼斯、教皇国和意大利的亲法城邦。这也可以说是欧洲现代史上第一个大均势构造。其中最重要最新颖，也因此被历来的历史学家们谈论得最多的，是法国与土耳其之间经久的同盟或"战略伙伴关系"。

1525年底，法兰西斯一世遣使前往君士坦丁堡，请求苏丹苏莱曼一世援助，后者欣然应允。土耳其军队很快在陆海两个方向大举进攻哈布斯堡帝国，一度兵临维也纳城下。1536年，法兰西斯一世委派的法国首位驻外大使与苏莱曼一世签订法土商约①，它很可能包含秘密的军事条款，因为随后法国和土耳其的舰队多次在地中海采取打击哈布斯堡帝国的联合行动。

查理五世摆脱不了在欧洲大陆和地中海受两大强敌夹击的根本战略困境。自称为"最基督教陛下"（"His Most Christian Majesty"）的法兰西斯一世与异教土耳其的同盟对阻止查理五世独霸欧洲起了极重要的作用，它提供了现代史上欧洲均势之外部源泉或外部动因的最初重大表现，即法国援引欧洲外缘的"侧翼大国"的决定性干预。

---

① 它也是历史上第一个包含治外法权等"特惠条例"的商约。其中规定法国和土耳其商人对等享有对方国家的国民待遇，法国臣民在奥斯曼帝国境内享有治外法权，法国享有在北非沿岸进行贸易的特权。

腓力二世的称霸图谋与其失败

腓力二世从查理五世继承了西班牙与其海外殖民地、尼德兰、意大利和法国佛朗什-孔泰，也变本加厉地继承了查理五世的普遍帝国欲望与其热烈的天主教大一统理念。

这个在位42年的君主始终怀抱非常明确的根本目的观念，即不惜任何代价地维持西班牙全球性帝国，并且大力扩展这个帝国。腓力二世及其臣民们的世界统治幻想直接见诸大量历史文献和文物。

1548年腓力从西班牙至尼德兰的巡游，1571年勒班陀海战的胜利，1580年兼并葡萄牙，无不激起了类似的文潮，极力主张哈布斯堡获取一个"普遍帝国"。90年代在意大利和西班牙两地都出现了又一场普遍主义文潮，直至其巅峰——托马索·康帕内拉于1600年开始撰写的启示录式的《西班牙君主国》。与其甚至远超过查理五世的天主教狂热和反宗教改革决心相结合，腓力二世的帝国主义有如前述是一种救世式帝国主义，它驱使这位国王将宗教原则凌驾于战略判断甚而常识之上。

较具体地说，腓力二世主要致力于三大方面的目标：

第一，保住西班牙帝国的所有各部分，特别是无论如何定要剪灭尼德兰追求独立的反叛运动，以免尼德兰成为首先倒下的第一块多米诺骨牌，引发西班牙对意大利、美洲乃至伊比利亚半岛各外围王国的控制严重动摇或崩溃。

第二，通过扩张建立西班牙的无可挑战的欧洲霸权，尤其是力求征服英国，以便在地缘政治上一箭三雕，即铲除出自英国的对西班牙美洲财富输送的拦截和掠取，消除对尼德兰造反的首要国际支持，并且先发制人地杜绝未来英国对伊比利亚半岛安全的海上威胁。不仅如此，还需要大规模介入1562年后法国随宗教分裂而来的长期内战，以求法国成为西班牙的天主教附庸国。

第三，尽可能消灭新教，恢复天主教大一统，并且由此确立西班牙帝国的普遍宗教、政治统治。在这方面，最重要的事情与上述目标一致，那就是粉碎新教尼德兰的造反，征服新教英国，支持法国国内的天主教联盟压倒胡格诺新教教派和夺取法国王位。

从统治疆域看，腓力二世的西班牙帝国明显小于查理五世帝国，因为广阔的哈布斯堡中欧领地不在其主宰之下。然而，就一些至关重要的方面而言，腓力二世拥有比查理五世更大的"权势基值"。

查理五世帝国是个七零八落的"地理大怪物"，少有内在聚合和有机联系，帝国各部分间的利益往往互相抵触而难以协调。而且，查理五世在据有西班牙王位的近40年里住在那里的时间不足16年，从1543年到逊位为止更是十三载不见西班牙。他过多地缠身于德意志事务和对法战争，以致西班牙"在任何利益冲突中总是位于第二，将优先权让给对于神圣罗马帝国的威望和权威的考虑，那是大多数西班牙人发觉难以理解的"[1]。

哈布斯堡疆土之一分为二扭转了这种局面：腓力二世始终将马德里作为自己最常在的统治枢纽，并且将伊比利亚半岛的安全当作帝国防务的核心。不仅如此，腓力二世统治期间正值反宗教改革运动高潮，它颇大程度上出自并大得力于西班牙民族热烈的天主教信仰；它为腓力二世

---

[1]　埃利奥特：《西班牙帝国（1469至1716年）》，第164页。

的帝国冲动提供了非常强劲的精神动力。①

更有甚者，与查理五世时期相比，西属美洲殖民地的财富得到了程度大得多的开发，而且在兼并葡萄牙后，欧洲的一切海外属土集于腓力二世一人之手。总之，从查理五世到腓力二世，"一个基于佛莱芒的中欧帝国转变为一个基于西班牙的大西洋帝国，新世界的所有资源都在其掌控之中"②，何况腓力二世有着史无前例的某种全球大战略视野和组织体制。③

同样重要的是，与查理五世时期相比，外在环境的诸多方面变得对腓力二世谋霸远为有利。德意志新教诸侯一旦得以按照《奥格斯堡和约》确保自己的境内统治，就迅即从宗教改革的热火朝天退入"平凡无聊的德意志生活的了无生气"④，致使强劲的反宗教改革运动能够步步成功地堵住新教的蔓延。

与此同时，法国因陷入多年宗教内战而长期一蹶不振，完全无力成为腓力二世霸权图谋的劲敌。在东面，自苏莱曼一世死后，先前制衡哈布斯堡帝国的另一大主力土耳其迅趋衰弱，1571年其海军在与西班牙—威尼斯联合舰队的勒班陀海战中惨遭大败。不仅如此，亨利八世之女、笃信天主教的英国女王玛丽在腓力二世继承西班牙王位以前不久与之结婚，英国似将沦为西班牙的附庸。欧洲内外似乎已不再有能够阻止哈布斯堡实现其普遍帝国的力量。

历史的必然性和偶然性共同起作用，在腓力二世帝国面前招来了两大决定性的反霸力量：第一，荷兰共和国，系1568年开始的尼德兰独立

---

① 与查理五世大为不同，腓力二世成了西班牙人眼中的民族英雄；"在他之下并通过他，哈布斯堡的杂乱无章的权势找到了一个坚实的民族基础。"德约：《不牢靠的平衡》，第46页。

② 埃利奥特：《西班牙帝国（1469至1716年）》，第211页。

③ 见德约：《不牢靠的平衡》第一部分第三章第2节内关于帕克《腓力二世的大战略》一书的评说。

④ 德约：《不牢靠的平衡》，第43页。

战争历时十三载而正式造就；第二，新教英国，由随玛丽于1558年病死无嗣而差不多侥幸登上王位的新教徒伊丽莎白一世统治。

在很大意义上可以说，英、荷两国都是作为海上强国兴起的，体现了欧洲海外扩张对欧洲国际政治的反作用。有一句极为言简意赅的话语道出了其中的深刻机理："海外扩张与国际体系同时诞生；喷薄迸出西方世界限界的勃勃生机也摧毁了它的统一。"①

英、荷两大海上强国在导致腓力二世称霸失败方面起了决定性作用。它们不仅挫败了腓力二世的称霸图谋，而且开启了海洋强国"带领"欧陆诸国联合反霸这欧洲均势的一大运作模式。所有这些，在一定意义上可以说是早期现代国际体系的特别重要的发展或演进。

尼德兰独立战争开始后11年，主张妥协的南方10省与坚持追求独立的北方7省正式分裂。1571年，后者宣告脱离西班牙，成立"联省共和国"即荷兰共和国，政权由联省议会与称为执政（Stadholder）的奥兰治亲王（当时为独立战争领袖"沉默者"威廉）共掌。1609年，西班牙与荷兰签订停战协定，事实上承认其独立地位。再过近四十个春秋，结束欧洲宗教战争和从法律上确定主权原则的《威斯特伐里亚和约》正式确认荷兰独立，以此作为该和约的最重要组成部分之一。

海上航运和贸易差不多是荷兰的一切——包括其公私财富、海陆军力量、社会政治结构、国民性格和思想风貌的终极缘由，而它作为这个意义上的海上强国，以其长达40年的武装奋斗，对腓力二世及其继位者进行了决定性的持久打击。或者说，荷兰由此拖垮了哈布斯堡西班牙帝国。

在此过程中，荷兰可以说做出了几大具有世界历史意义的创新：以格劳秀斯《公海自由论》（1608年）为标志，否定大洋航海、远洋商业和

---

① 德约：《不牢靠的平衡》，第50页。

殖民权利的西、葡垄断体制，开创较开放和更广泛的全球体制；以同样出自格劳秀斯的国际法大著（1625年）和颇大程度上缘于荷兰独立的、《威斯特伐里亚和约》之核准主权原则（1648年）为标志，创立主权国家体系原则；基于议会制度和加尔文派新教优势与某种宗教宽容的结合，开创较为开放、多元的国内政治和宗教体制，那是现当代自由民主制的萌芽形态。[①]荷兰是"社会自由""公海自由"和"欧洲自由"[②]的创始者。

然而，单凭荷兰一国的规模和甚为有限的力量，远不足以阻挡腓力二世的称霸步伐，甚至远不足以赢得荷兰自身的独立与安全。为此，伊丽莎白一世英国的全身心的反霸努力绝对必需。这个英国在社会经济形态、政治文化特征和宗教信仰等方面，与荷兰多有相同或类似；然而与荷兰相比，英国的兴起甚至在更大程度上与海外事业和海上力量紧密相连，并且依凭安全得多的海岛性地理位置、更大规模的陆上基础和更专注有力的海权发展。[③]

不仅如此，不同于荷兰联省议会与执政之间屡有牵累甚或抵牾的"双头决策"体制，伊丽莎白一世集中有效的君主领导大有利于政策和战

[①] 德约：《不牢靠的平衡》，第74—80页。关于荷兰的世界历史性创新与其力量的社会、宗教和政治源泉，参见莫德尔斯基和莫德尔斯基合编：《世界领导者文件印证》，第3章"联合省打开大洋"；马克·布罗利：《自由领导者：和平与战争中的强国与其挑战者》（Mark Brawley, *Liberal Leadership：Great Powers and Their Challengers in Peace and War*），纽约州伊萨卡1993年版，第27—29页；肯尼迪：《大国的兴衰》，第66—70页。

[②] "欧洲自由"（the Liberty of Europe）是17—19世纪在欧洲被越来越广泛使用的一个术语，指欧洲各主权国家的独立自主和由此排除体系内全局霸权的欧洲国际关系根本状态。

[③] 关于英国力量的地理、社会、宗教、经济、政治和战略源泉，参见阿尔弗雷德·塞耶·马汉：《海权对历史的影响（1660至1783年）》（Alfred Thayer Mahan, *The Influence of Sea Power upon History, 1660—1782*），波士顿1890年版，第1章"海权的要素"；莫德尔斯基：《世界政治中的大循环》，第80—83页；肯尼迪：《大国的兴衰》，第59—63页；屈味林：《英国简史》，第三篇"都铎王朝"；P. S. 克罗森：《都铎王朝对外政策》（P. S. Crowson, *Tudor Foreign Policy*），伦敦1973年版，第19和20章（论述伊丽莎白一世如何同西班牙帝国和教廷做斗争）。

略的生成和实施，其坚强的意志、稳定的心理、审慎求实的思维方式和心怀全局的战略意识，连同其对民族国家利益而非王朝或君主个人利益的专注，是新兴英国的最重要政治资产之一。[①]

伊丽莎白一世在位头10年，其对外政策在法国和西班牙之间左右逢源，特别是借助西班牙对付法国的威胁；然而，法国内乱和1567年西班牙大军开进尼德兰导致她扭转战略方向，将在西班牙的霸权大潮面前拯救欧洲均势，从而捍卫新教英国的安全作为压倒一切的目的。

伊丽莎白一世以提供金钱津贴为主要手段，大力支持尼德兰独立战争、法国胡格诺教徒以及后来皈依天主教但仍然反西班牙的法王亨利四世；使用她鼓励和帮助下的英国海盗，频繁地袭击和劫掠西班牙远洋商船队；[②]努力构建反霸国际大联盟，其中不仅包括英国、荷兰和法国，也包括葡萄牙、德意志新教诸侯和奥斯曼土耳其。

在伊丽莎白一世统治之下，英国初步滋生了它的对外政策经久传统：拥有海上力量优势，担任"居间制衡者"（Balancer），绝不容对岸低地国家遭到征服，维护或拯救欧洲大陆总体均势。

英国的上述奋斗非常严重地破坏着腓力二世的整个图谋，以致他要免于西班牙在欧洲大陆的霸权努力全盘失败，除了大力制服英国就别无

---

① 最著名的伊丽莎白一世传记，仍为1934年初版的J. E. 尼尔：《伊丽莎白一世女王传》（J. E. Neale, *Queen Elizabeth I : A Biography*）。

② 皇家海军，乃至作为未来英国世界优势的最重要基石的整个不列颠海上力量，富有特征地在颇大程度上出自当时被用作国家战略工具的海盗。德约就此写道："海岛位置以大陆上全然不知的便利提供了私人主动性。正是从早已有之的'商人冒险公司'的行列中，那些日子里浮现出了英国的英雄'布坎尼尔'（buccaneers），即海盗、商人和资本主义实业的组织者，他们发展成了所有各类发现者，成为他们国家的伟大的海事史的先驱。被伊比利亚国家的重商主义垄断排斥在合法的海外贸易之外，这些人袭击通往异己殖民帝国的漫长遥远的海路，获取多得难以相信的掠夺物，并且取得了在造船和航海技术方面的一种优势，那使他们成了维京人的真正传承者。伊丽莎白一世小心谨慎地操纵，逢有必要就抵赖对他们负有责任，与此同时静悄悄地促进他们的目的。"德约：《不牢靠的平衡》，第53—54页。

选择。到1588年，此种战略认识已急剧升级为旨在一举登陆、击碎英国的大规模远征，这特别是因为不久前伊丽莎白一世为了杜绝腓力二世和国内天主教势力共同颠覆其政权，处死长期囚禁的前苏格兰女王、可继承英国王位的玛丽·斯图亚特，从而使腓力二世从内部击破堡垒的希望完全破灭，并且大大羞辱了西班牙的脸面。

是年5月，庞大的西班牙无敌舰队驶离里斯本直扑英国，"歌利亚攻打大卫。"①然而，这场决定性的较量以当时令几乎所有人大感意外的结局告终：无敌舰队先遭英国海军迎击颇受损伤，而后差不多全部毁于海上风暴。②世界现代史上从未见任何其他单独一场海战有那么大的意义：头号大强国的霸权命运从此急转直下。翌年，那瓦尔的亨利登上法国王位，是为亨利四世；他坚决地用法兰西国家利益取代宗教纷争，数年后便以重新统一的法国对西班牙宣战。法国由此恢复为欧洲强国，成为英荷之外哈布斯堡西班牙的另一大克星。

1598年，腓力二世驾崩，标志着16世纪哈布斯堡帝国两番称霸巨潮终告破灭。历经80年的这个历史过程构成欧洲现代史上第一个关键时代，具有非常重大的国际格局意义。在此过程中，两个海上强国兴起，其中英国之开始强大尤为重要；法国历经严重波折，终成能够经久的大强国；哈布斯堡帝国由盛转衰，留下的是此后300余年总能勉强保持为列强之一的奥地利，连同大约50年后不可逆转地沦为二流国家的西班牙。以几个强国为中心的（多极的）现代国际体系生成和巩固，致使以后三个多世纪，任何霸权觊觎国都不能达到腓力二世帝国在其鼎盛时期所拥有的那种极显著的优势地位。

---

① 德约：《不牢靠的平衡》，第55页。

② 详见马丁利的另一部名著《西班牙无敌舰队之败》（Garrett Mattingly, *The Defeat of the Spanish Armada*），伦敦1959年版。

68

荷兰：海上马车夫的黄金时代

施　诚

首都师范大学教授

瓦格纳曾经创作过一部著名的歌剧《飞翔的荷兰人》，它所依据的原型是18世纪关于一艘永不靠岸的荷兰商船的传说，也是当时荷兰远洋贸易发达的一个缩影。造成荷兰共和国衰落的原因很复杂，18世纪末，由于反对君主制的荷兰"爱国派"引入法国的力量来平息内部的政治冲突，最终导致了荷兰共和国的灭亡。无论如何，荷兰共和国都在全球经济史上留下了浓墨重彩的一笔。它的致富神话以及最早在荷兰产生的现代国际海洋法和商业法雏形，都成了这个"海上马车夫"留给现代世界的遗产。

"海上马车夫"如何积累财富？

一、17世纪以前的荷兰

1.古代和中世纪荷兰

作为一个国家，中文里笼统所说的"荷兰"在历史上具有不同的名称和地理范围。我们现在所说的"荷兰"的正式国名为"尼德兰王国"，其本土部分位于欧洲西北部，西部和北部濒临北海，东部与德国为邻，南部与比利时接壤，国土面积4万多平方公里，平均海拔只有11米。所以历史上的荷兰地区常被称为"尼德兰"，意思是"低洼之地"，由于此地中世纪封建领地众多，所以被称为复数形式的"低地国家（Low Countries）"。

早在新石器时代，现今的荷兰境内就有人类生活。罗马帝国的历史学家塔西佗曾经说巴塔维亚人（今天荷兰人的祖先）是最勇敢的日耳曼部落，其骑兵闻名于罗马世界。这是有关荷兰历史的最早记载。

公元481年，克洛维建立了法兰克王国的墨洛温王朝，尼德兰成为其核心地区。

公元843年，查理曼的三个孙子签订《凡尔登条约》，瓜分查理曼帝国，尼德兰归属中法兰克王国。到13世纪，随着封君封臣制度的推行，尼德兰地区共有4个公爵领、6个伯爵领和几个主教区。

15世纪，勃艮第公爵"善人"菲利普开始统一尼德兰各地。

1467年，勃艮第公爵"大胆查理"把独生女儿玛丽许配给神圣罗马帝国皇帝之子马克西米连。1477年，"大胆查理"去世，勃艮第公国随玛丽出嫁而转归马克西米连，被置于哈布斯堡家族统治之下。

1494年，马克西米连继承神圣罗马帝国皇位，他把尼德兰地区的统治权交给儿子"美男子"菲利普。菲利普通过与西班牙公主联姻又进入了西班牙王位继承序列。

1506年，菲利普之子查理（未来的神圣罗马帝国皇帝查理五世和西班牙王国的国王卡洛斯一世，英语里叫"查理一世"，但不要跟英国后来真正历史上的查理一世混为一谈）继承了勃艮第公国。

1516年，查理又继承了西班牙王位，从此，尼德兰也成了西班牙属地。

2.尼德兰革命

"尼德兰革命"是指荷兰为了摆脱西班牙的统治、取得独立的斗争，时间长达80年（1566—1648年）。"尼德兰革命"的根本原因是西班牙的残酷统治。

西班牙为什么要对尼德兰进行残酷统治呢？主要是以下三个原因：

第一，尼德兰是西班牙与法国争夺欧陆霸权的战略要地，为此西班牙必须牢牢控制它。

第二，16世纪，尼德兰经济富庶，人口近300万，大小城镇300多个，西班牙每年能从尼德兰榨取250多万佛罗琳的税收，占当时其国库收入一半左右。所以西班牙绝对不会轻易放手，让尼德兰独立。

第三，1517年欧洲宗教改革后，新教派别，特别是加尔文派、再洗礼派开始流行于尼德兰各地。这遭到信奉天主教的西班牙国王卡洛斯一世（1516—1556年在位，他同时还是神圣罗马帝国皇帝查理五世）和其儿子菲利普二世（1556—1598年在位）的残酷镇压。这就导致尼德兰地区必须摆脱西班牙的统治。

1581年7月26日，尼德兰北方七省通过《与西班牙断绝关系法》，宣布废黜西班牙国王菲利普二世，成立联省共和国，由奥伦治家族的威廉（其外号叫作"沉默者"）担任新国家的首任元首，称为"执政"或"执政官"。

1588年西班牙无敌舰队被英国消灭，1590年西班牙又陷入法国王位之争，为尼德兰革命的胜利提供了有利外部条件。1609年西班牙与荷兰联省共和国签订《十二年停战协定》，事实上承认了荷兰联省共和国，尼德兰革命在北方最终取得了胜利。

1618年，欧洲"天主教同盟"和"新教同盟"两大阵营之间爆发"三十年战争"（1618—1648年），其主战场在德国境内。战争的结果是西班牙被彻底削弱，其被迫在最终签订的《威斯特伐里亚和约》里正式承认荷兰联省共和国独立。从此以后，荷兰以合法的主权国家屹立于这个世界。

二、荷兰共和国"黄金时代"自由贸易的成因

关于荷兰"黄金时代"的具体时间，目前的学术界有几种说法。荷兰人自称1600—1672年为他们的"黄金时代"。但是现代学者经过研究认为是1580—1670年，也有学者认为是1584—1702年。但史学界一般统称17世纪为荷兰共和国的"黄金时代"。

"黄金时代"的荷兰是航运大国和贸易强国，其船队遍及世界各地的海洋，因此荷兰人被称为"海上马车夫"。当时的荷兰还是欧洲的金融中心，阿姆斯特丹创办了世界上最早的现代股票交易所、银行和保险公司。

17世纪初，荷兰人口只有250万左右，而同期英国人口约650万，法国约1650万。面积狭小、人口较少、资源贫乏的荷兰共和国为什么能在

17世纪进入所谓的"黄金时代"？

我想应该从以下五个方面来看它的原因。

1.荷兰共和国的政治体制

荷兰共和国采用了联邦制政体，最高权力机关是三级会议，由各省的教士、贵族和市民代表组成，但是各省的代表名额不同。荷兰省和海尔德兰省各6名，其他省的代表人数则比较少，但是七个省表决时每个省只有1票，所有决议必须各省一致同意才能通过。也就是说，要七票全部通过，共和国三级会议所做的决议才是有效的。

三级会议掌握的国家的重大权力包括以下几个方面：立法权、批准税收的权力、监督国家财政开支的权力、外交权（包括对外宣战、对外媾和和派遣驻外使节）、军事权力（主管军队和任命陆军和海军司令）、战争时期三级会议可以派出监军到战场与指挥官具体协商重大军务。三级会议的主席由各省代表轮流担任，为期一周。这是我所见过的，到当时为止，世界历史上任期最短的一个官职。文艺复兴时期，佛罗伦萨长老会议的长老任期一般是两个月，这已经很短了，但是到了荷兰，只有一周。

从理论上说，荷兰省在三级会议中应该没有特权，因为它表决时也只有一票。但是由于它承担的税收份额在共和国中最多（1612年规定为57%），所以实际上荷兰省在三级会议中的影响比其他任何一个省都大。顺便说一句，其实在很大意义上，包括当时的荷兰人还有我们今天中文里所说的，把"荷兰"用于指尼德兰其实也与这个有关。

三级会议的缺陷很明显，即七个省要一致同意。但是七个省的代表不能随意代表自己省做出决定，他们必须得到他们所在省的三级会议的一致同意，才能够把他们的意见在共和国的三级会议里予以表达。这就导致荷兰三级会议的决策过程非常缓慢，甚至拖延。其实这个缺陷也是后来荷兰衰落的一个原因。换句话说，荷兰共和国的政治体制是一把双刃剑。

2.荷兰工商业的发展为对外贸易积累了大量财富

荷兰的实业为荷兰的对外贸易奠定了基础。这主要从荷兰的三个实业来看，第一个就是荷兰的呢绒制造业，第二个就是它的鲱鱼捕捞业，第三是荷兰的造船业。

首先，尼德兰南部自古就是欧洲最重要的呢绒纺织业中心。17世纪初，尼德兰南部的呢绒工人为躲避宗教迫害而不断逃往北方，促进了北方纺织业或呢绒业的发展，北方的莱登由此成为荷兰最重要的呢绒纺织中心。这里有几组数字：1601—1610年，莱登的呢绒平均年产量为66943匹，1651—1660年提高到平均每年106101匹。这些呢绒主要出口到地中海沿岸地区，为荷兰积聚了大量财富。

其次，北海鲱鱼捕捞业是荷兰重要的经济基础，甚至有人说北海是荷兰的"聚宝盆"。1609—1621年，荷兰每年在北海捕捞鲱鱼的船只将近1000艘，捕获鲱鱼30多万吨。这些鲱鱼被运往欧洲各地，用以交换荷兰所需要的粮食、腌制鲱鱼所需要的食盐、葡萄酒和其他商品。正是来自鲱鱼业的利润刺激了荷兰造船业的发展，并使荷兰的海上运输和贸易进一步繁荣。

最后，17世纪，荷兰的造船业居世界首位，这为荷兰的航海贸易提供了直接的物质技术条件。当时的阿姆斯特丹拥有上百家造船厂，全国几乎每天都能生产出一艘船只。17世纪初，荷兰造船成本比英国要低廉40%—50%。

除了捕捞鲱鱼的船之外，荷兰还能建造坚固耐用、适合大洋远航的船只，其船舷可以架设大炮，所以战争时期这些商船也可以作为军舰。17世纪30年代，荷兰拥有2500艘商船，约占欧洲航运总量的一半。1670

年，荷兰拥有商船3510艘，总运载量达56.8万吨，平均每船运载量为162吨。荷兰先进的造船技术曾吸引俄国彼得大帝于1697—1698年乔装前来考察。荷兰的这种实业和它有利的地理位置有助于航海贸易的发展。

3.发达的金融制度为荷兰航海贸易提供了资金保障

1609年，荷兰成立世界历史上第一家近代银行——阿姆斯特丹银行，它经营货币兑换、存款、贷款和转账业务，为整个欧洲乃至世界贸易提供金融服务。1625年，它的存款账户为1350个，而1619年汉堡银行只有539个，1621年纽伦堡银行也只有663个。

荷兰金融业发达的另一个表现是什么呢？就是荷兰银行的贷款利率是当时欧洲最低的。17世纪初，荷兰银行的贷款利率只有6.25%，到1650年前后，下降为5%，此后稳定为4%，有时甚至降低到3%。1648年，阿姆斯特丹银行存款达到3亿古尔登（古代荷兰的货币单位）。资金雄厚、利息低廉的金融业为解决荷兰工商业和对外贸易所需的资金提供了坚实保障。

4.有利的国际形势和纵横捭阖的外交策略为荷兰对外贸易提供了有利的外部环境

首先，汉萨同盟的衰落和解体有助于荷兰在欧洲建立航海贸易霸权。汉萨同盟是13世纪德国一些城市缔结的商业同盟，其中心是吕贝克。14世纪加盟城市达160多个，而且不仅限于德国，整个波罗的海沿岸的其他国家和城市也基本加入了汉萨同盟，所以其垄断了波罗的海地区的航运和贸易。但是到15世纪，汉萨同盟逐渐走向衰落，1669年正式解体。这些都为荷兰控制波罗的海的航运和贸易提供了机遇。

其次，新航路开辟后，欧洲的商业重心从地中海区域转移到大西洋沿岸的港口城市。在西方历史上也把这个事件称为"商业革命"。大西洋沿岸的安特卫普、阿姆斯特丹和伦敦很快成为欧洲重要的商业中心，促进了这些地区的经济发展。1575年，安特卫普遭到西班牙军队的破坏，后来为了打击西班牙而主动封闭了通往大西洋的出海口，这对安特卫普来说是灾难。为什么呢？因为它失去了出海口，它的商业中心地位和金融业中心地位就转移到北边的阿姆斯特丹了。所以从1585年起，阿姆斯特丹取代了安特卫普，成为当时西欧最重要的商业和金融中心。

最后，荷兰共和国采取灵活的外交政策为自由贸易创造了有利的国际环境。为了谋求商业利益，荷兰充分利用欧洲列强之间的矛盾，根据形势变化不断调整外交策略。"三十年战争"期间，荷兰与英国、法国、丹麦、瑞典结盟，削弱当时的德国和西班牙，结果西班牙被迫正式承认荷兰独立；在1665—1667年第二次英荷战争中，荷兰又与法国结盟，打败英国；1668年，法国入侵荷兰，荷兰又转头与英国、瑞典结盟，打败法国。这种纵横捭阖的外交政策不仅保障了荷兰的安全，而且成全了它在17世纪的海上霸权。从某种意义上说，荷兰人比英国人更早地认识和践行"没有永恒的朋友，也没有永恒的敌人"的外交原则。

5.荷兰民族的创新精神也有助于荷兰航海贸易

17世纪前半期，荷兰进口和运输了300万件中国瓷器到国内和欧洲各地销售。但是荷兰人并不满足转运和销售瓷器，他们还在鹿特丹和代尔夫特开办了瓷器厂，模仿烧制中国的青花瓷。到1700年，代尔夫特的青花瓷质量已达一流，甚至被荷兰的商人从荷兰运到东方，然后再从中国购买一些瓷器，混合在一起，出口到日本以谋求利益。

荷兰自由贸易取得的成就

荷兰的对外贸易遍及欧洲、美洲、非洲和亚洲，这些航海活动主要掌握在荷兰东印度公司和西印度公司手中。本节也会给大家简单介绍这两个公司。

一、荷兰垄断了波罗的海和北海的航运和贸易

到17世纪中期，阿姆斯特丹最终成功地取代汉萨同盟各城市的贸易地位，成为波罗的海沿岸商品转运的第一大港口和世界商业中心，集产品运输、储藏、进口、加工和销售于一身，港内经常停泊的商船超过2000艘。荷兰商船把波罗的海沿岸的粮食、蜂蜡、黄麻、亚麻和木材等运回阿姆斯特丹，再转运到英国、西班牙和葡萄牙等地。1500年，荷兰通过松德海峡交纳关税的商船为1300艘，到1600年则增加为5000艘，而且商船的吨位增加了一倍。荷兰商船还把西班牙的羊毛、肥皂等商品运往英国。通过莱茵河等内河航运，荷兰基本垄断了欧洲南北之间的航运和贸易。

二、荷兰在非洲的贸易

荷兰与非洲之间的贸易主要由1621年成立的西印度公司（WIC）进行。西印度公司被三级会议授予了大量政治和商业特权：第一个特权是垄断非洲、西印度群岛、美洲、澳大利亚的贸易。这里稍微插一句为什

么有澳大利亚——荷兰的船长塔斯马尼亚（Abel Tasman）曾经在澳大利亚一带探险，发现了那些地区。荷兰曾经与其有过贸易关系。第二个特权是可以与土著缔结同盟、修建军事要塞、建立殖民地等。但要注意，无论在规模上还是在影响上，西印度公司都远不如东印度公司。

16世纪30年代，荷兰在西非"黄金海岸"（今加纳共和国）建立了殖民地和贩卖奴隶的据点。

1674—1740年，荷兰前往非洲的船只共750艘，其中33艘用于海岸防卫（相当于军舰）、334艘用于装载普通货物、383艘用于贩卖非洲奴隶。仅1700—1723年，荷兰输入西非的各种商品（主要是纺织品、军用物资，制作货币的贝壳、酒、铁锭等）的总价值为5258540盾。1675—1731年，荷兰从西非黄金海岸输出的各种商品（黄金、白银、红铜、胡椒、蜡、糖、兽皮、染料、树胶）的总价值接近2439.1万盾。

但是荷兰在西非最重要的贸易还是像当时西欧其他列强一样，将非洲奴隶贩卖到美洲种植园。1630—1795年，荷兰西印度公司共贩卖非洲黑奴46万人，约占欧洲各国跨大西洋奴隶贸易总数的5%。荷兰奴隶贸易利润非常高，西印度公司在非洲买进奴隶的价格为12—75盾，而拍卖给巴西种植园主的价格则高达200—800盾。

三、荷兰与美洲的贸易

从17世纪二三十年代起，荷兰西印度公司除了在北美建立了"新尼德兰"殖民地外，还在安的列斯群岛、加勒比群岛、苏里南和圭亚那等地建立了自己的殖民点。1630年，荷兰从葡萄牙的殖民地——巴西夺取了一片土地，取名"新荷兰"。

据现代学者不完全统计，1625—1794年，美洲殖民地输入荷兰的商品（主要是蔗糖、烟草、咖啡、巴西木、靛蓝、毛皮等）总价值为1.346亿盾。

四、荷兰与亚洲的贸易

这可以说是荷兰航海贸易的重点，也是它获利最多的贸易。荷兰与亚洲的贸易开始于1594年。荷兰派遣了4艘商船组成舰队，于1595年首次绕过好望角，到达爪哇，携大量香料而归。大家应该都知道，这条绕过非洲的航线一直被葡萄牙人控制。荷兰人为了取得这条航线的信息，曾经派遣过一个叫林霄腾（John Huyghen van Linschoten）的人在葡萄牙的东方殖民帝国进行了长达十年的商业机密刺探。他回国之后写了一本关于绕非洲海岸航线的小册子，这本小册子当时一出版就被欧洲各国竞相翻译成本民族的语言。这本书应该是当时发行量最大的一本书。这次航行表明葡萄牙的香料贸易地位是可以被打破的。

此后，荷兰派遣越来越多的船队前往亚洲。仅1598年荷兰派到东方的船队就有5支，共计22艘商船。虽然其中有些商船覆没了，但是整体上荷兰船队取得了巨大的成功。如1598年8艘荷兰商船前往印度尼西亚，4艘商船满载胡椒而返，利润高达400%。另外4艘商船到达摩鹿加群岛（也称"香料群岛"），在班达岛、安汶岛设立了商馆，运回了大批豆蔻、丁香，同样获利甚丰。

1602年，荷兰共和国为了防止荷兰各商业公司在亚洲贸易里进行竞争，于是合并建成了"东印度公司"（英文为 Dutch East India Company，荷兰文为 Vereenig de Oostindische Compagnie，简写为"VOC"）。

VOC是世界上第一个通过发行股票进行融资的公司，募集的原始资本为650万佛罗琳。当时荷兰也许除了最富有的奥伦治家族和最贫穷的乞丐外，几乎是全民入股。从这一点上来说，荷兰东印度公司可以算是世界历史上第一个全民所有制企业。VOC被荷兰三级会议授予从事从好望角到麦哲伦海峡之间的贸易。同时，VOC还被授权在国外代行国家主权，包括任命自己的总督、修筑军事要塞、组建自己的军队和舰队、对外宣战和媾和。从一定程度上可以看出，荷兰东印度公司是荷兰共和国的第二个主权国家，它是在海上漂移的荷兰共和国。

1619年，VOC建立巴达维亚城（今印尼的雅加达），作为在亚洲的贸易和行政中心。1641年，VOC从葡萄牙手中夺取了马六甲海峡，从此控制了欧亚之间的香料贸易。为了维护欧亚之间航线的安全和后勤补给，1652年VOC在南非开普敦建立了殖民地。所以，VOC的有效贸易活动范围包括整个印度洋沿岸，西起南非和波斯，经过印度、斯里兰卡、马六甲、印度尼西亚群岛，一直到东亚的中国和日本。

VOC与亚洲的贸易活动大致可以划分为3个阶段：

第一阶段：1602—1680年，VOC的主要目标是获得亚洲各种商品（胡椒和香料）和市场（日本的白银、黄铜）的垄断地位。这个阶段VOC与亚洲的贸易处于结构性贸易逆差状态，因为VOC只能提供极少量亚洲消费者需要的商品，所以只能用金银来换取亚洲香料。为此VOC必须与欧洲其他国家进行贸易，获得金银，再用于购买亚洲香料。为了解决这种贸易结构性失衡，当时VOC的总督想出了一个办法，即让VOC极力卷入亚洲内部的贸易，用在亚洲其他地区进行内部贸易获得的利润购买亚洲的香料、丝绸、棉布、瓷器等商品，再转运到欧洲出售以牟利。

第二阶段：1680—1740年，VOC的贸易主要以转运利润更少、非传统的亚洲产品（棉布、咖啡、茶叶、瓷器、香料）返回欧洲为主。此时它可以获得印度、阿拉伯和中国的部分市场。

第三阶段：1740—1780年，VOC在亚洲的贸易和航运的规模大幅下降，因为英法开始进行全球范围的争霸战争，这些战争都影响和破坏了VOC在亚洲的贸易。

关于VOC在荷兰与亚洲贸易中的地位和作用，大家可重点注意以下几个数字和事实：

第一，从1602年成立到1796年倒闭，VOC共派遣了4785艘商船到达亚洲（英国东印度公司到达亚洲的船只只有2690艘，而且总载重量只有VOC的1/5）。

第二，VOC从亚洲运回荷兰的货物总重量为250万吨左右。

第三，为VOC亚洲贸易服务的欧洲总人数将近100万。也就是说，在几百年亚洲与荷兰的贸易中，大约有100万人直接或间接地为其服务。而1500—1795年，欧洲其他国家和地区派往亚洲的总人数才88万多。

第四，到1669年，荷兰东印度公司已经变成了世界历史上空前富有和强大的私人公司。它拥有150多艘商船、40艘战舰、5万名员工与1万多名雇佣军。

第五，1640—1795年，VOC只在1780年后才出现入不敷出的情况，详见以下表格。

1640—1795年荷兰东印度公司收支情况（货币单位：百万荷兰盾）

时　　间	开　　支	商品销售收入	收支平衡
1640—1650年	42.7	78.4	35.7
1650—1660年	71.1	84.2	13.1
1660—1670年	80.4	92.3	11.9
1670—1680年	77.0	91.3	14.0
1680—1690年	87.6	103.4	15.8
1690—1700年	106.9	127.2	20.3
1700—1710年	122.6	139.5	16.9
1710—1720年	135.2	163.7	28.5
1720—1730年	172.9	185.6	12.7
1730—1740年	159.0	167.0	8

续表

时　　间	开　　支	商品销售收入	收支平衡
1740—1750年	148.7	159.7	11.0
1750—1760年	184.9	188.0	3.1
1760—1770年	198.9	213.6	14.7
1770—1780年	186.5	199.6	14.1
1780—1790年	212.3	145.9	−76.4
1790—1795年	86.7	61.2	−25.5

第六，VOC存在的近200年里，它支付给股民的年均股息为18%左右。这在世界历史上也是空前的。

第七，我想着重谈一下，VOC是现代国际法诞生的催化剂。

我们都知道，国际法院就在荷兰的海牙。我们一说到国际法都会想到一个重要的人物——格劳秀斯，所以国际法的诞生实际上与VOC在亚洲的贸易直接相关。

1601年，荷兰船长雅各布·冯·海姆斯凯克（Jacob van Heemskerck，1567—1607年）受"阿姆斯特丹联合公司"（荷兰东印度公司前身之一）委派，率领一支荷兰船队前往东印度购买香料。1602年这支荷兰船队到达印尼巽他海峡东部的万丹港。海姆斯凯克从当地人那里获得了一个重要信息：一艘葡萄牙商船即将从澳门装载货物航行到摩鹿加群岛。于是他们决定袭击这艘葡萄牙商船。

1603年2月25日拂晓，海姆斯凯克在马六甲海峡（今天新加坡东部海岸樟宜附近）发现了葡萄牙商船（Carrack）"圣卡特里娜号"（Santa Caterina）。按照当时的标准，"圣卡特里娜号"是一艘巨型商船，它的载重量为1500吨。

为什么说它是一艘巨船呢？这里有几个数据可以对比——麦哲伦环

球航行的"维多利亚号"旗舰载重量只有85吨！哥伦布发现新大陆的旗舰"圣玛利亚号"只有100吨！葡萄牙商船上装载了700名士兵、100名旅客，还包括大量货物：1200捆中国原丝、锦缎、丝绸，大量的黄金，镶金丝的印度棉织品服装，近60吨中国瓷器。从此，中国瓷器在荷兰被称为"克拉克瓷（Carrack–Porcelain）"，其真实字面含义就是"大帆船瓷"或"商船瓷"，但我们中文里面一般都习惯称为"克拉克瓷"。

经过一天的战斗，葡萄牙船长投降。海姆斯凯克把"圣卡特里娜号"上装载的货物和俘虏全部运回荷兰。货物在阿姆斯特丹拍卖，获得约350万盾的收入，相当于1601年"阿姆斯特丹联合公司"总资本的3倍多。这次拍卖所得的巨额收入使荷兰人认识到另一个重要的问题——除了香料之外，来自中国的丝绸、瓷器等商品也能在欧洲销售，获得丰厚利润。

但是，当时葡萄牙政府认为，海姆斯凯克这种行为是海盗行为，是非法的，要求荷兰把"圣卡特里娜号"及其所有货物全部归还。

为了合法地拥有这些货物和拍卖所得的收入，按照惯例刚刚成立的荷兰东印度公司，决定把这个案件交给荷兰人自己组成的"海事法庭"，并聘请格劳秀斯为其担任辩护人。其结果大家可想而知，荷兰的"海事法庭"判决葡萄牙商船"圣卡特里娜号"及其货物全部被合法没收并且分配：海姆斯凯克及其船员们获得拍卖收入的10.4%，"海事法庭"本身获得23%，其余归新近成立的荷兰东印度公司。

格劳秀斯知道海姆斯凯克的行为其实是非法的海盗行为，但是既然他充当了辩护人，他必须为海姆斯凯克的行为找到合法的证据。我们来看他找的证据：

第一，格劳秀斯认为葡萄牙人对亚洲土著的干扰和威胁从物质上损害了荷兰在亚洲的香料贸易前景。换句话说，葡萄牙人对亚洲土著的破坏实际上破坏了荷兰未来在亚洲的香料贸易。这个理由非常牵强。

第二，格劳秀斯提出了"主体权利"概念，这在当时是站不住脚的。"主体权利"即人天生拥有自主权，自由的个体能够自由地行使自己的权利。言下之意是，海姆斯凯克是一个自由人，在行使他的自由权利——打劫葡萄牙的商船。大家可以看看，这站得住脚吗？

第三，格劳秀斯提出，海姆斯凯克是代表拥有主权和独立的荷兰国家行动，所以他攻击葡萄牙商船的行为是荷兰共和国反对西班牙和葡萄牙国王菲利普三世的战争的一部分，因此是"正义的"战争。

这里我需要具体解释几个问题：第一，1603年时，荷兰根本没有获得欧洲任何国家的承认。换句话说，它根本没有拥有主权和独立；第二，格劳秀斯认为海姆斯凯克的行为是反对西班牙和葡萄牙国王菲利普三世。为什么这么说？因为1580—1640年，葡萄牙被西班牙兼并。所以格劳秀斯提出的第三个理由中的两点其实都是站不住脚的。因为荷兰在那个时候根本没有主权和独立权。

但是在这个案件之后，1605年格劳秀斯发表了一篇重要的论文《论捕获法》，学术界或国际法学界一般认为这就是现代国际法的诞生。

荷兰"黄金时代"为何结束？

1794年9月，法国军队开始入侵荷兰，荷兰共和国灭亡。1795年1月，法国在荷兰共和国的土地上建立了一个名为"巴达维亚共和国"的傀儡国家。荷兰进入一个新的历史时期。

但是早在1680年前后，荷兰经济就开始出现衰落迹象。例如1676年，荷兰商船总吨位为90万吨，但到1787年就下降为39.8万吨。关于荷兰衰落的原因，迄今学者发表了众多论著，见仁见智，莫衷一是。我认为至少以下几个事实和现象值得思考。

一、荷兰经济具有一定的"寄生性"

虽然荷兰也有一定的实业经济部门，但是具有"中间商"特色的航运、贸易和金融是它经济繁荣的重要表现，也是它"黄金时代"的重要表现和国家财富的主要来源。特别是荷兰成为商业和金融强国后，荷兰人普遍注重追求商业利润和贷款利息，甚至成为食利者阶层。与此同时，面对国外投资利润（6%—7%）的诱惑，荷兰人毫不犹豫地把资金投入利润率高的外国工业，而忽视了国内工业生产的投资（当时国内工业生产利润仅为4.5%—5%）。

18世纪的荷兰成为当时世界上最大的债主。英国国债的大部分都掌握在荷兰人手里，英国每年需要向荷兰支付2500万荷兰盾的贷款利息。法国向荷兰共和国借贷也达到了2500万盾，西班牙、俄国、瑞典和一些德意志小诸侯国从荷兰的借款达到3000万盾。大量资金用于国内外放贷牟利，从而导致荷兰国内工业生产资金投入不足。

二、荷兰的繁荣和富有引起其他西欧列强的嫉妒

当时欧洲各国奉行重商主义的五个信条：第一，世界财富总量是相对固定的；第二，一个国家的财富最好是用其拥有的贵金属数量来衡量，其实就是用金银来衡量；第三，鼓励通过出口和贸易顺差以取得贵金属；第四，人口众多对于当时一个国家的自给自足和国力发展是具有重要意义的；第五，国王或国家应当帮助和指导国内商人在对外贸易中发挥重要作用。所以欧洲重商主义者一致认为，一个国家的富有必定是以另一个国家的贫穷为代价。如英国就认为，荷兰的呢绒业主要就是依靠英国出口的初级呢绒来加工销售，获取高额利润。正因为这样，在1614年，英国政府就颁布法令，禁止半成品的英国呢绒出口荷兰。荷兰以禁止从英国进口成品呢绒作为反击，挫败了英国的禁运计划。但是英国并不甘心，在17世纪50年代以后，英国连续几次颁布了《航海条例》，目的就是打击荷兰的航运和贸易。17、18世纪荷兰与英国总共发生过4次重大的海战，史称"英荷战争"或"英荷海战"（1652—1654年、1665—1667年、1672—1674年、1780—1784年），最终英国打败了荷兰，当上了世界海上霸主。

三、战争严重损耗了荷兰的国力

17世纪初，荷兰东印度公司总督曾经说过："我们不能进行没有贸易的战争，也不可能进行没有战争的贸易。"但是如前所述，17、18世纪的荷兰几乎卷入了欧洲列强之间所有大规模战争，这些战争虽然为荷兰取得政治独立和对外贸易做出了贡献，但是它们毕竟消耗了荷兰大量的人

力、物力和财力。

四、荷兰轻视海军建设非常不利于它的航海贸易发展

对于荷兰来说，它最理想的国内国际环境就是在和平的国际环境和平地进行贸易，但是17、18世纪的荷兰几乎从来没有达到过这种条件。而且前面我们已经看到，17世纪80年代后，荷兰比其他任何国家都更依赖对外贸易，但是它的航海贸易又特别容易受到战争的破坏。为什么？因为它的海军建设不受重视。荷兰的很多商船队的海军护航力量非常薄弱，甚至就没有，所以荷兰的商船特别容易成为其他国家战船和私掠船的攻击目标。

我们还可以再去思考两个问题：

第一个，一般来说，战争对参战国的经济都会造成破坏。但是从16世纪80年代到17世纪，一方面，荷兰不断地进行战争，另一方面，荷兰的经济也不断走向繁荣。为什么荷兰能够做到一边进行战争、一边进入经济高度繁荣时期？实际上在17世纪的时候，英国人、荷兰人和法国人都注意到了这个问题，但直到今天为止，这个问题仍然值得我们思索。

第二个，荷兰是现代国际法的发源地，我们之前只是简略地说了一下国际法为何诞生于荷兰——与VOC的亚洲贸易紧密相关。但是我想请大家和我一起思考的是：本来是格劳秀斯为了海姆斯凯克的海盗行为进行辩护的理论为什么后来能够演变成为全球接受的国际法？这个问题非常难，我想我们谁都不能立刻给出一个完整的答案，但我觉得我们可以思考这个问题。

4

法兰西帝国：重商主义的大陆强权

梅俊杰

上海社会科学院教授、世界经济史研究中心主任

　　在通行的经济学教科书中，重商主义基本上是一个可有可无的话题，偶尔被人提及时，也不过是用来反证自由经济学说的正确性。上海社会科学院梅俊杰教授却把重商主义提高到可与文艺复兴、工业革命、启蒙运动等量齐观的重要地位。本章中，梅教授将为重商主义正名，并从重商主义角度解读法兰西帝国的兴衰。

法国的现代化脉络与重商主义的真相

如何梳理法国的现代化脉络？

首先需要明确，现代化是相对于传统而言的一个概念，指的是从传统社会迈向现代社会的历程。但应当知道，传统与现代本身是一个理想化、极端化的区分，二者实际上渐进演化、有机交织。不少现代因素，早就存在于前现代社会。包括法国在内的西方现代化进程，早的话可以一直追溯到中世纪甚至更早年代。例如在法国，作为现代化重要载体的城市在 11 世纪就开始兴起，尤其是，享有城市自由权的"自治市"从那时起逐步增加，比如马赛、亚眠，等等。

一般认为，到 13 世纪，中世纪的法国在社会结构、经济特点、政治制度、文化趋向上发展，已经包含了"现代性"的诸多成分。现代性逐步成长意味着传统社会走向崩塌，主要体现于，在僧侣、贵族、第三等级之间长期维持的封建结构平衡逐渐被打破。僧侣的神圣地位、贵族的特权地位，都趋于瓦解；与此同时，占人口绝大多数的第三等级中，工商阶层稳步兴起，农民也从原来的农奴变为自由小农。以后，社会结构日益复杂化，经济形态开始工业化，行政管理不断集中化，政治权威渐趋理性化。

就这样，如今大家所熟悉的现代社会面貌越来越清晰。当然，这个过程跨越了好几个世纪，在法国大致从 13 世纪到 19 世纪，而且这个过程既包含发展和进步，更充满矛盾和冲突。

人们一般称法国大革命之前为"旧制度"，惯于以法国大革命来划界。这当然有一定道理，也比较方便，但真实的历史并不是这么一刀两断、泾渭分明的。历史的发展总是一个日积月累、从量变到质变的过程，有时我们看到的所谓标志性事件，细究之下反而没有那么伟大的实质意义。

那么，在法国现代化进程中，从量变到质变的过程在哪里呢？我以为就是重商主义。也就是说，西方从中世纪向现代社会转型，这几百年的转型，其实都可以用重商主义来概括和理解，重商主义是长期历史变迁中一个统领性的巨大存在，它是西方现代化进程，也当然是法国现代化进程的一股重要推动力。

完全可以这样说，重商主义对世界现代化进程的推动，丝毫不亚于文艺复兴、地理大发现、宗教改革、科技革命、工业革命、思想启蒙、政治革命这些早已耳熟能详的历史运动。如果没有重商主义的新兴价值导向和有力政策引导，包括法国在内的西方现代崛起都是难以想象的。这个观点在很多人那里，包括在中国人这里，还远远没有达成一种共识和形成常识，所以我这里要特别加以强调。既然如此，从重商主义角度来考察法国的现代化进程，有助于调整我们的历史视角，加深对世界历史进程的认识。

重商主义的真相到底是怎样的？

重商主义具体意味着什么呢？可以说，重商主义本身是一个频繁使用但意思含混、由来已久却仍有争议、"闻起来臭吃起来香"的术语。国内外主流学界普遍相信，重商主义是一种荒谬的学说、有害的体制。亚当·斯密的《国富论》就把重商主义定格为自由经济体制的对立面，在他笔下，重商主义成了把货币当财富、实行贸易保护、鼓励垄断寻租、政府过度干预这些不良经济理念和政策的代名词。

从古典到新古典自由经济学普遍相信，重商主义论点来自彻头彻尾的思想混乱，简直就是胡说八道。这种观点也影响了中国学界，像老一辈著名经济学家陈岱孙就说过，重商主义者都是"把财富和货币混为一谈""未能渗透到现象的深处"，他们的思想"不能为经济科学提供理论基础"。

然而，学界历来也不乏异议。德国200年前的经济学家弗里德里希·李斯特就指出，不仅自由经济学派对重商主义的责难有失公允，而且这个命名本身就有误导性，故而他干脆把"重商主义"改称为"工业主义"。奥地利20世纪的经济学家约瑟夫·熊彼特也抱怨"斯密不恰当地批评重商主义，从而树立了坏榜样"，他认为，归到重商主义头上的所谓"谬误，也主要是想象出来的"。

事实上，其他经济史学家或具有历史眼光的经济学家，从德国历史学派到英国历史学派，再到当代的约翰·凯恩斯、沃尔特·罗斯托等大家，以及少数中国学者，也对重商主义给予了积极评价。对重商主义的这些异类看法，主要立足于实证的经济史，故而是有独到价值的，也给我的相关研究提供了启发。2017年，我在《社会科学》发表过一篇进行系统梳理的近4万字的文章，叫作《重商主义真相探解》，后来在人大《理论经济学》上有长达23页的全文转载，有兴趣的读者可以去查阅。

总体而言，重商主义历史跨度很长，不限于一般所说的16—18世纪，从地理范围来看，它流行于欧美很多国家。尽管如此，这个源远流长的体系实际上还是包含了某些比较一贯的理论思路和政策主张，细究之下可以梳理出三个方面：

一是有关国家富强问题。重商主义在王权地位加强、民族国家兴起的大背景下，确立了以财富增长为优先目标的新价值观，而且把财富增长与国力增强紧密联系起来加以考虑，也就是说，富和强（富强）是合二为一的"一个"问题。

那么，实现富强的直接手段是什么？重商主义相信就是对外贸易，所以对外贸易是个核心问题。但同时，重商主义清醒地认识到现实世界本质上是个"无政府"的国际社会，所以它冷峻地用零和博弈的眼光去看待国际关系和经贸关系。这是重商主义集中关注的第一个方面。

二是有关贸易这个核心问题。重商主义强调外贸的关键目标就是要获得顺差，有了顺差，金银之类的贵金属才会源源流入，才能支撑国家从对外发动战争到战略物资进口等各项事业。而实现顺差的手段，无非通过关税等手段，鼓励出口、限制进口，"奖出限入"的确是重商主义的一个要点。

为此，重商主义特别区分了"好"的贸易与"坏"的贸易，同时区分了单纯的商人利益与长远的国民利益。有了这样的区分，才能知道在外贸中鼓励什么、限制什么，甚至禁止什么。这是重商主义集中关注的第二个方面。

三是有关工业化问题。因为要通过扩大出口追求财富积累，重商主义很早就认识到了工业化的特殊价值，知道制造业是提高附加值的关键环节，所以它在商业政策上细致区分了制成品与原材料。

重商主义者早已提出了一条老到的定律，就是："出口品税率的高低应与其加工制成的程度成反比，直至绝对禁止原材料出口，而进口品税率的高低应与其加工制成的程度成正比。"这一切指向的目标就是，一国应当努力培植自身的工业生产力，注重把原材料转变为制成品，只有工业生产能力才是国家富强、就业扩大、福祉改善的关键所在，因此，一切经济政策都要围绕工业化这个核心来展开。越到后期，重商主义越是强调工业化，所以李斯特干脆把"重商主义"改称为"工业主义"。

根据以上三方面的理论思路和政策主张，我通常把重商主义定义为：把金银积累、贸易保护、工业扶植、就业促进、国家干预、强权打造、殖民征服融为一体的战略。显然，这就不仅涉及外交，而且涉及内政，远不是什么单纯追求贸易顺差这么狭隘，更不是把货币当成财富那般荒唐，实际上这是西方世界因为列国密切互动、激烈竞争而得风气之先的一套现代转型战略，后来也是落后国家实现赶超的一个有效发展战略。

重商主义的理论与实践毫无疑问是以经济民族主义为根本范式的，从传统到现代这个转型中世界历经的种种冲突、战争、血与火，都跟它有关。但同时也要承认，这套经邦济世的理论与实践确实让西方率先迎来了一场经济学革命，由此促成了西方一马当先的工业化和现代化，令其捷足先登地获得了现代意义上的富强。

所以，现代世界的诞生中，重商主义是个播种机，至少也是个助产士。这一真相跟长期以来主流学界对重商主义的妖魔化概念是非常不同的。我们不应该再以讹传讹地片面看待重商主义了，否则就无法准确理解包括法国在内的西方国家的现代化进程。

科尔贝主义及其对法国赶超发展的贡献

法国与重商主义有何渊源？

法国并不是最早产生重商主义思想、最早实施重商主义政策的国家，有人认为重商主义创新的源头应该在意大利，因为那里有长期活跃的商业以及城邦之间的竞争，这种因果关系是完全可以理解的。

然而，法国跟重商主义有几层特别的关系。

第一层关系，"重商主义"这个术语最早还是由法国人定名的。一般认为，是法国重农学派先驱维克多·米拉波在1763年出版的著作《农村哲学》中首次采用了这个术语，亚当·斯密就是在陪贵族太子留学法国期间，从法国重农学派那里继承了这一概念，再对重商主义大加讨伐的。所以，对重商主义的命名权不在亚当·斯密那里，而在法国经济学家米拉波这里。

第二层关系，法国人在理论上对重商主义做出了很大贡献。据统计，从16世纪到1789年法国大革命，总共出现了约25万种含有经济内容的法文著作，主要在探讨国家财政、货币、农业、税收等经世致用问题。

这些著作不仅在数量上大大多于意大利、英国、德国同期的经济学著作，而且它们更具重商主义色彩，因为主要在探讨国家政权的作用、经济上的自给自足这样一些典型的重商主义问题，所以大家都承认是法国人开了"政治经济学"这门学科之先河。

第三层关系，也是最重要的一点，法国在重商主义的实践上非常突出，集中体现在路易十四的大臣让-巴蒂斯特·科尔贝身上。正是科尔贝，通过最典型的重商主义政策实践，让法国在一代人的时间，从一个缺乏统一、财政混乱、工业落后、对外虚弱的落后国家，一跃而成欧洲一流的富强帝国。科尔贝的重商主义实践十分成功，乃至后人用"科尔贝主义"来指代"重商主义"，这两个词成了可以互换的同义词。有鉴于此，科尔贝应该是考察法兰西重商帝国的最佳视角，其人其事值得特别关注。

科尔贝是如何实践重商主义的？

科尔贝1619年出身于法国兰斯市一个世代从事贸易与金融生意的大商人家庭。未及而立之年，他就依靠家庭背景，谋得了为朝廷中枢效力的机会。其间，虽然接触短暂，但老首相黎塞留留下的国家中央集权设想、重商主义发展路径、为人为政风格等各个方面，都对科尔贝产生了持久的影响。

1661年是路易十四亲政元年，正是从这一年起，科尔贝实际掌控了法国财政大权，并将权限扩展至司法、贸易、工业、建筑、海军、殖民地等众多部门，成为国王言听计从、影响历史进程的重臣达22年之久。科尔贝于1683年去世，终年64岁，那时路易十四的统治尚处于鼎盛时期，所以他的确为"太阳王"的辉煌而鞠躬尽瘁。

科尔贝采取了什么行之有效的政策呢？一言以蔽之就是，系统地大力实施重商主义，具体涉及以下几个方面：

首先，在当时最迫切的财政领域，国家处于债台高筑、寅吃卯粮的危急状态，更深层的问题是，财政体系毫无章法，免税特权比比皆是，包税人主宰了财政命脉，横征暴敛和贪污腐败十分严重。针对这一局面，科尔贝采取了若干救急之策，比如，设立特别法庭，打击贪腐行为；废除冗余官职，以低价赎回官职；打击食利者阶层，强行减轻官方债务负担。同时，也开源节流，既努力增加国王领地的收入，也严格紧缩非生产性政府开支。

除出台这些治标之策以外，科尔贝着眼于打造合理的财政制度。他制定了王国史上第一份国家预算，试图有计划地量入为出；努力大幅减税，即使在对外战争期间，也尽量遏制增税冲动；为开辟财源而又不过分触犯特权，加大面向全体消费者的日用品间接税的比重；建立国家储蓄银行，让利率回归合理水平，借此改善公共债务状况。

理财从来就是重商主义的施政要点，在这一点上，正如法国历史学家伊曼纽尔·沃勒斯坦所言，科尔贝相当成功，他使国家收入成倍增加，路易十四是当时唯一不太费力就能支撑庞大军事力量的君主。

其次，科尔贝更具长远影响的成就是，他围绕中央集权制的巩固，竭力整顿国内经济秩序，大力推进工业化，并积极向海外拓展。所谓"科尔贝主义"，本质就在于：为了赶超先进，动用国家行政力量去组织经济活动，提倡有领导的生产，并在满足本国需求之余，尽量推动出口。这也是典型的重商主义政策。科尔贝同样注重为发展经济、推进工业化创造必要的条件，比如，统一国内市场、撤除国内关卡，改善国内交通，促进商业流通。

在此基础上，科尔贝为发展法国工业而多管齐下，具体包括：由国家主导制造业发展，招聘外国企业家和工匠，并提供资金支持、免税待遇、市场特权、宗教宽容等优惠条件；收买先进商业秘密、机器设备，同时禁止本国工匠及其技艺的外流；严控外国制成品进口，成倍提高进口关税，甚至不惜将贸易战升级为军事战；狠抓工业生产质量，以此扩大出口；动员尽可能多的劳动力从事生产，包括鼓励生育、限制神职队伍；鼓励原料生产，以保障国内制造业和军需品所需之供应。

与工业发展的同时，科尔贝仿效荷兰和英国，组建垄断性贸易和殖民公司，加强与东印度、西印度、波罗的海、中东等远海地区的商业联系。他大力支持对加拿大、密西西比河流域、安的列斯群岛、塞内加尔、马达加斯加等海外地区的探险和殖民；积极开展港口建设，并且支持造船业的重点发展；还从很低的起点，较快建起强大的商船队和保护商船队的强大海军。

路易十四就是"法国版康熙帝"？

所有这一切的政策效果人所共知，那就是在科尔贝的有力辅佐下，路易十四在极短时间内建成了一个辉煌的法兰西帝国。说辉煌帝国，是因为：一是法国建起了一个绝对君主制的中央集权王国，"太阳王"王权至上、"朕即国家"，扫除了长期以来尾大不掉的封建阴霾。二是法国打赢了对西班牙的遗产继承战争（1667—1668 年）、对荷兰的法荷战争（1672—1678 年），从此正式称霸欧洲。三是文治武功交相辉映，君王一边扩大法国疆域，一边延揽各路文人墨客，奖掖文化艺术科学事业人才，还修造凡尔赛宫，颁布《路易法典》，等等，总之是帝国威力和王权荣耀盛极一时。

还有一点是，路易十四这位波旁王朝的国王按在位时间论达 72 年之久，创下了纪录，而且他精力旺盛、勤政不懈、行止得体、自制严明，莱布尼茨称他为"有史以来最伟大的国王之一"，歌德称之为"自然造就的完美的帝王样本"。因为路易十四（1661—1715 年执政）与中国清朝统治了 61 年的康熙帝（1662—1722 年执政）几乎同时，二者文治武功足可媲美，所以人们也称其为"法国版康熙帝"。当然，东西二君江山社稷传到五六代后同样出现空前的大危机，这也算是他们的共同宿命。

然而，透过相似的帝国辉煌，可见到迥然有异的发展趋向。不同于东方僵化停滞的王朝循环，西方的法国已经走在现代转型的道路上，突出体现在现代工业的起步、海外力量的成长上，而这些恰恰是科尔贝在重商主义这个全新坐标体系下大力促成的。

正是科尔贝兴建了冶金、军火、造船、纺织、车辆、家用等各类工厂，实现了对意大利、西班牙、英国、荷兰等外国产品的大规模进口替代，所以李斯特会说："自从科尔贝执政后，法国才第一次有了大工业。"同时，是科尔贝利用17世纪初期以来前所未有的财政盈余，让这个一向重陆地、轻海洋的民族迅速拥有了大量战舰，从而为法国的海军、贸易和殖民地事业的发展奠定了基础，法国因此在18世纪超过荷兰，成了英国的头号强劲对手。

显而易见，法国作为一个现代国家的家业基础很大一部分是在科尔贝时代打下的。当然，这一切绝非历史偶然或者"天佑法国"，因为在科尔贝之前，法国已经积累了一定的重商主义经验。

路易十四前是路易十三在17世纪上半叶的统治（1610—1643年在位），当时的首相黎塞留就已采取了一系列让科尔贝印象深刻的政府干预和保护主义做法。而路易十三前是亨利四世在16、17世纪之交的统治（1589—1610年在位），当时的财政大臣是苏利公爵，贸易总监是巴泰勒米·拉弗马。苏利为防止贵金属外流，注重利用补贴和垄断权激励国内工业生产，借此创办了当朝48个工场中的40个；拉弗马也致力于进口品的替代，尤其是促进了养蚕和丝织业、挂毯业的发展。从中可见科尔贝之前法国的重商主义试验及其初步成效。

科尔贝本人则深通历史发展趋势，也深知国际竞争态势，他对自己的历史使命和现实作为是有高度自觉意识的。这一点，除了可见于他念念不忘黎塞留带有浓重重商主义色彩的"宏大构想"外，也可见于他当国之初就向路易十四呈交了一份意识清醒的施政备忘录。

在这份备忘录中，他立足于历史经验，敏锐地指出国家的力量实际上主要仰仗经济实力，一国的经济繁荣很大程度上有赖于国际竞争，经济交战越来越成为国际冲突的焦点；法国的当务之急就是要在列国争雄中，借助国家干预和保护主义，致力于发展法国工商产业和海洋事业，争取赶超并削弱荷兰和英国，从而实现法国的繁荣富强和现代转型。

由此可见，法国原已存在重商主义的基础，科尔贝则集其大成、发扬光大，从而为世界贡献了一个经由重商主义而成功赶超的典型案例，法国的这套科尔贝主义随后也对整个欧洲大陆的经济政策产生了深远影响。

从法国史若干片段看法国现代化的特征

法兰西民族借助其不世出的卓越领导人，较早形成了明确的重商主义意识，摸索到了一套行之有效的赶超发展战略，特别是通过科尔贝主义这一重商主义典型实践，打下了工业化和现代化的良好基础。

那么，法国是否能在既定轨道上，理所当然地维持并壮大成当之无愧的一流强国呢？或者，随着人事更迭，一套艰难探索出的有效战略是否会日益走样，反让来之不易的大好局面付诸东流呢？这里仅撷取几个科尔贝之后跟重商主义相关的历史片段加以关注，希望能借此多角度地透视法国的现代化进程。

这些法国史片段能以小见大吗？

第一个片段：科尔贝1683年去世后，他所实施的重商主义政策居然迅速遭到瓦解。只说三个事实：

其一，路易十四在1685年废除了已实行近百年的《南特敕令》，宗教宽容宣告结束，其后果是，法国境内的新教徒（胡格诺派教徒）受到迫害，足有15万人逃离，其中很多是身怀长技、勤奋进取的工商精英，都去了瑞士、德国、英国、荷兰等邻国，这对法国现代经济的成长造成了毁灭性打击，决定性地削弱了法国与英国竞赛的能力。

其二，路易十四继续对外开战，国穷财尽时，只得下令增加税收，还向税吏借高利贷，积累的债务又回升到空前规模，到他去世的时候，已整整提前支取了三年的财政收入。从此往后将近一个世纪，法国的财政赤字再未得到纠正，始终徘徊在国家破产的边缘。

其三，路易十四统治后期，随着欧洲大陆争霸形势日趋严峻，法国无法继续采取海陆并进的战略，路易十四本来就有"陆重于海"的指导思想，此时他趁势放弃海军建设、减少海外贸易，这种转向使得法国在未来与英国的海上争霸中失去了胜出的可能。

这个片段是科尔贝去世后法国在工业、财政、海洋方面盛极而衰的倒退，所以毫不奇怪，路易十四去世的1715年居然成了法国经济发展曲线的最低点，要等到1750年才又回升，这一切显然都与愚昧地放弃重商主义及帝王的好大喜功、穷兵黩武有关系，不过此君临死时总算有所懊悔和反思。

第二个片段：18世纪50—70年代，法国出现了一股经济思潮，叫重农学派。由于之前路易十四和路易十五时期长期实行了重商主义政策，工商业在得到激励的同时，法国农业却陷入困境。于是，这个重农主义的学派主张重视农业、遵守自然秩序、维护经济自由，也不能说这个想法当时没有一点道理。

重农学派的一位倡导者叫雅克·杜尔阁，此人在1774年出任财政大臣，他按照重农学派的理念，开始采取与科尔贝主义相反的政策，对外不是搞贸易保护，而是赞成自由贸易。

这种思想和行为影响了当时的法国，一般人都以为，与英国签订自由化的通商条约，就有可能把法国从巨额赤字和巨额债务中拯救出来。这样，法国与英国在1786年签订了相互降低关税的《伊甸条约》。岂料此时英国的工业竞争力已经显著壮大，于是法国工业就在自由通商中遭受严重打压，甚至有观点认为这个通商条约是法国大革命爆发的一个诱因。

这个片段让人看到，法国从来不缺自由主义思潮，它时不时会出来干扰重商主义。可是，当一国未能强大到可以开展无所限制的国际自由贸易时，更不用说在产业立足未稳时，这样的自由主义政策往往会对工业生产力的培植产生巨大冲击，乃至会动摇国本。

第三个片段：1789年法国大革命爆发，革命必然打断经济增长，让工业化一度倒退。随后主政的拿破仑倒是深得重商主义真传，相信只有拥有强大的工业，法国才能赢得独立、实力和繁荣。而且他清楚，面对先进工业国的竞争，落后国家只能依靠关税保护和政府激励才能取得工业进步。

为此，拿破仑大力扶持法国工业，积极采用新发明和新机器，改革行政制度，改善国内交通，使得工业化重新起步。他最引人注目的政策是那个针对英国的"大陆封锁体系"，就是凭借海上封锁，阻止英国及其殖民地商品进入欧洲大陆。这种市场独占本来是有利于欧洲大陆本土工业化的，也确实带来一些补偿性发展，这一时期纺织、冶金、化工、酿造各业都有采用新技术的工厂在法国建立。

但毕竟由于英国的反封锁，特别是由于拿破仑时代连年战争，加之这个时期法国丧失了大革命前一大半海外贸易及殖民地，所以法国的工业和外贸还是备受限制，包括妨碍了对英国先进技术的学习和应用。

更严重的是，法国战败后，英国强大的工业竞争随着自由贸易的恢复而重返大陆，这再次重创法国工业。好在随后法国的复辟政府坚持了棉纱、棉布等关键商品一律禁止进口的政策，终于使得法国的工业生产力及国内贸易在1815年后的十多年里猛增了一倍。

这个18、19世纪之交的历史片段见证了法国的政策反复，也从正反两个方面印证了重商主义政策的应有威力。

第四个片段：19世纪中叶，路易·拿破仑民选上台，后来则政变登基，成为拿破仑三世。在经济上，此人前期强化国家干预，致力于法国的工业革命，同时建设了铁路、运河和港口，成立了两大中央银行，等等，应该说成绩斐然。

1852—1870年间，这个第二帝国的工业产量成倍增长，已基本实现了工业化。可是，部分因为拿破仑三世在外交上需要英国帮助，部分因为受英国自由贸易宣传的鼓动，他贸然在1860年与英国签订了《英法条约》，也称《科布登－谢瓦利埃条约》。虽然英国在降低关税方面幅度还大于法国，但由于法国在工业上远不是英国的对手，这份商约其实为英国的优势工业品打开了占领法国等大陆市场的闸门。法国各界后来都称这一缔约行为乃是一场"经济政变"。

果不其然，此后不久法国经济在难以应付强大国际竞争的情况下，就进入一蹶不振状态。缔约前的十年里，法国外贸连年顺差，而缔约后就出现显著逆差，工业也从此前十年总增长100%，降至此后十年总增长仅33%。再后，1870年普法战争失败，法国割地赔款，到19世纪80年代几乎陷于经济停滞，在同期美国和德国的赶超之下，法国更显得相对落伍。

直到1892年法国恢复关税立法，经济才又重新振兴，1896—1914年，随着汽车、电力、冶金、飞机等新兴部门的崛起，法国经济总算经历了史无前例的快速增长，工业产量增长了2倍，实际工资提高了约50%。

这个历史片段对于总结重商主义的正反历史经验教训，也是很有意义的。

法国现代化进程呈现哪些特点？

以上四个片段大致覆盖了法国18、19世纪的发展历程，从这些片段，当然也不限于这些片段，可以观察到法国现代化进程的若干特点。

法国的工业化和现代化在政策方向上呈现来回反复的过程，主要体现为重商主义政策未能一以贯之。可以看到，17世纪科尔贝主义一度高歌猛进，随后却马上人亡政息、偃旗息鼓。等18世纪中叶有所恢复后，信奉自由主义的重农主义又扳回钟摆，与英国签订自由化商约让成长中的法国产业非常受伤。随后的大革命与战争即使为长远发展开辟了更大空间，当时却必然重挫工业和外贸。

1815年后，重商主义的回潮让法国重回持续增长的区间，但1860年突然再与英国签订自由化商约，加上普法战争后割地赔款，又把法国经济打入增长乏力乃至停滞不前的周期，直到世纪末借助重商主义才又重拾显著增长。

这样反复折腾的发展脉络与英国确实反差很大，英国至少从15世纪到19世纪初大体一贯地严格执行重商主义，等到19世纪初工业已能打败天下无敌手之后，才系统地开始倡导并实施自由贸易。

英国遵循的规律是，当产业尚未成熟时，尽量躲在重商主义的壁垒背后养精蓄锐、修炼成长，一旦拥有了强大竞争力，就开始靠自由贸易去施展优势、攻城略地。

所以，英国从重商主义向自由贸易的蜕变是比较自然合理的、符合规律的、稳扎稳打的。而法国缺乏这样一个自然蜕变过程，该实行重商主义时它实行自由化政策，而后来该自由化时它却又不能脱卸重商主义。

换句话说，法国的经济政策没有跟产业的成长和成熟度匹配，如此错配、扭曲、折腾，显然增加了法国工业化和现代化的长期性和复杂性。

这种错配、扭曲、折腾或许与国民性等诸多因素有关，但更直接的是与法国缺乏稳固的宪政体制有关。且不说更早，从法国大革命到法兰西第五共和国，法国就实行了14部宪法，还有16个没有宪法或等待宪法出台的事实政体和临时政体，在不到两个世纪的时间竟然出现了36个政治体制。

仅在19世纪，法国就至少经历了第一共和国、第一帝国、复辟王朝、七月王朝、第二共和国、第二帝国、第三共和国。而且，这中间呈现循环往复，在激进与保守、复辟与反复辟之间来回折腾，这对现代经济的持续发展尤其不利。

当然，《拿破仑法典》还是为有秩序的发展奠定了制度基础，只是对任何一个制度框架总还需要社会各阶层形成广泛共识。相比之下，英国在1688年光荣革命之后，进入一个稳固的君主立宪的制度轨道，从此确立了国王统而不治的宪政框架，宪政无论是对政治稳定、法治运行、权力保障，还是对经济发展、财政约束、金融成长，都意义重大。

没有合理、稳固并赢得社会共识的宪政制度，单纯维系于能干的大臣或开明的君主，一时的经济繁荣等于建立在机会主义之上，那它就可能转瞬即逝、得而复失、无端耗散，恰如科尔贝死后发生的那样。

部分由于缺乏牢固稳定、有可预性的制度保障，法国在现代化进程中形成了一种明显的"小社会、大政府"传统。当然，我急着要说明，即使是英国，在长期的资本主义发展过程中，特别是在重商主义盛行时期，都要靠国家政权来提供军事保护、制定法律规范、介入经济活动、管理社会问题，从来就不是"无政府状态外加一个警察"，现代化本身就是一个政府角色日益扩大的过程。

但相比之下，人们还是公认，法国的政府角色比起英国等周边国家要大不少，这一点实际上从政府行政开支在社会财富中的占比可以实证衡量的。

法国本来就有绝对君主制和拿破仑的中央集权遗产，而赶超发展的迫切性，更不用说战争与动荡，更容易强化中央政府发号施令的控制和干预本能，久而久之，市场发育度、企业家精神、社会自组织性都受到遏制，而这反过来又会进一步强化政府这只"看得见的手"。

有人说法国19世纪中，经济快速发展跟专制的政体在时间上是重合的，这就印证了经济发展对政府的过度依赖。长期以政府为经济活动的主要组织者、实施者，特别是如果政府本身缺乏现代化、缺乏约束，那必然会加大经济社会的运行成本，容易用力过猛、矫枉过正、来回折腾，并产生挤出效应，最终反而会落个事倍功半的效果，这方面法国的例子可谓比比皆是。

在法国历史上，政府角色过大，而又缺乏自身的现代化，便影响到了一个关键方面，这就是财政金融。本来英法在1689—1815年打了七场大规模战争，英国跟法国一样，每年用于军事的开支也超出了国家税收。但1660—1685年间，英国政府的税收体制完成了现代转型，取消了包税制，改为由财政部控制的比较合理的现代税收制度。这使得政府的税收汲取能力大为增强，光荣革命后三十来年，英国的税收增长了近20倍，同时政府自身的行政运行开支始终控制在较低的水平。

与此对照，同期法国的传统税制没有重大变化，征税成本继续居高不下，以致1735—1780年，税收不增反降，政府开支却不降反升。尽管法国人的总税负低于英国人和荷兰人，但税收体制的杂乱和不公使得国民的税负"痛感"明显更高。

而税收之外，还有更重要的国债这一金融工具。可在这个领域，法国政府缺乏财政信用，金融制度全面落后，1720年在一场金融改革失败后，法国人对纸币、银行、债券、股票从此疑虑重重，造成政府的资源动员能力捉襟见肘。

相反，英国有议会给予的信用担保，能从荷兰那里吸收大量外来信贷，更有可以把短期债务转变为长期债务的英格兰银行，还有规范的债券流通市场，这样也就有了调动国内和国外、当前和未来更大资源的能力，可以跟法国去放手一搏。终于，随着1756—1763年七年战争中法国政府再次财政破产，英国从法国手里收获了海外面广量大的殖民地，成功问鼎世界霸主地位。

如何辩证思考法国现代化道路？

上面说了这么多法国的不足，这里还是要特别强调，法国并不是落后的典型，法国的实力特别是按综合国力算，在早期和现代，都不在英国之下。法国的工业化也绝非不成功的典型，只是它的亮点容易被英国的光芒掩盖了，毕竟工业革命前英法两国旗鼓相当，人们喜欢把它们拿来进行比较。

严格来说，法国在工业化和现代化道路上走了一条有别于英国的道路，法国的是没有工业革命的工业化，没有明显起飞阶段的现代化。

与英国相比，法国的农业比重始终比较高，农业耕作制度、商品化程度、技术水平长期缺乏根本变革；传统工业与现代工业同步发展，企业结构也是大中小多元并存；法国外向型经济的比重也不是特别高，出口中手工的小品类占了不小比重；还有就是金融制度也比较陈旧，以致工业投资主要靠自我积累；等等。

但凡事都不能以英国或其他某种理想类型为准绳。可以相信，现代化是一条同方向但多车道的高速公路，就目标而言固然殊途同归，但就速度而言难免有先有后。而从世界范围看，法国在现代化道路上也算是速度不慢、走在前列的了。

确实需要强调的是，法国始终处在人类工业化、现代化的第一梯队，至少到现在为止也还稳居发达社会的行列。从根本上说，无论法国内政如何反复折腾，法国终究处在欧洲这个列国多元互动的地缘政治平台上，处在现代化理念和生产力创新集中迸发的西欧范围。

这一点虽然如空气一样十分重要，但偏偏最容易被人忽略。例如，就现代化理念而言，重商主义就是一个流行于整个欧洲的思想体系，欧洲各国都受到了它的启蒙和指引。就生产力创新而言，比利时能够成为欧洲大陆最早的工业化国家，就是因为它能最迅速地受到英国的辐射，那时在比利时工作的英国企业家夸口说，所有的发明在英国一出现，十天后他们就可以知晓。法国虽可能没有这么快，但也能沾到近水楼台之便利。

例如，1718—1720年间，在苏格兰人约翰·劳的推动下，法国人系统地搜挖英国的技术人员，包括英国钟表、毛纺、冶金、玻璃、造船等方面的技工有二三百人之多。再有，拿破仑曾进口过大量的英国先进纺织机械，这大大提升了法国的纺织水平。还有，法国1847年进行早期铁路建设时，10亿法郎中有6亿法郎是英国人的投资。

这样的生产要素流动在欧洲这个多元开放的平台上自古以来就很普遍，英国早期落后时自己也偷学过意大利、荷兰、法国不少。哈佛大学的戴维·兰德斯教授就说过，能工巧匠、学者艺人都是"把整个欧洲当成自己家的"，这也是为什么，欧洲整体能够在世界范围一马当先，率先工业化和现代化。所以，法国的现代化进程既然处于列国多元、率先突破的欧洲，就决定了它在世界范围终究还是很先进的。

记得人类学家弗朗茨·博阿斯总结过，一个国家、一个民族能达到怎样高级的文明状态，本质上取决于它跟其他优秀民族接触的程度，越是与高级文明、优秀国家交往得多，就越能跟着迈向更高层次的文明。身处欧洲中心的法国就是一个很好的例子。这一点，无论对于我们分析中国历史问题，还是解决现实发展问题，应该都有很好的启迪。

余论：法国历史背景下重商主义的现实启示

在回顾了法国历史后，也有必要就重商主义的现实启示再多讲几句，以免造成可能的误解与误导。

总体而言，应当承认，重商主义为现代世界设定的经济民族主义范式至今依然有效，它本质上仍然规范着当今的国际秩序；同样，重商主义的具体主张，无论体现于贸易保护、工业发展，还是体现于政府干预、就业保障等，至今都还是各国或明或暗的政策要素。

但世界历史走到今天，也发生了不少变化，需要我们与时俱进地看问题。如果面对一个重商主义长期走过头的政治经济环境，那就更有必要对重商主义这个历史产物做更全面的思考。

今天应当如何看待重商主义？

重商主义的现实启示之一首先涉及国家作用或政府干预问题。实证历史研究以及当今国别观察表明，经济发展从来就是一个依赖政治、财政、金融、技术、军事、文化等多维支撑的过程。

重商主义高潮期的国家作用自不必言，即使在自由学派兴起之后，欧洲各国公共开支所占份额在绝对和相对意义上都在扩大。如今发达工业社会肩挑福利国家的重担，也必然要大力维护一个积极有为的政府，只能继续走兼顾政府与市场的"混合经济"模式。

显然，今天如同过去，国家作用或政府干预是不可能也不应该放弃的，对于志在赶超的后发国家而言，不同程度的动员体制更往往必不可少。

不过也应当清楚，国家作用或政府干预是一把双刃剑，连重商主义者对此也不乏清醒认识。李斯特就强调国家不能"越俎代庖"那些国民个人能为和善为之事。

确实，凡是政府干预过度，市场化不足、社会自组织欠发达的地方，寻租的机会必然增加，经济运行成本肯定趋高。一个背上了庞大政府、沉重税负、食利阶层的社会是缺乏竞争力的，也是难以行稳致远的，在借鉴重商主义的"有形之手"时又必须引以为戒。

重商主义的启示之二涉及产业扶植及出口导向问题。注重出口并追求顺差是重商主义广为人知的目标，其可贵之处在于，强调通过实现进口替代、扶持并升级产业、提高出口产品附加值、增强国际竞争力来实现这一目标。

本质上，这是一套指向工业化及现代化的进步方案。正因为以工业化或生产力发展为目标，所以，通常意义上的负面或争议性做法，如垄断专营、贸易保护、补贴奖励、产业政策之类，便能获得长远眼光下的可取性。

不过，应当谨记，完美无缺的保护制度是极其少有的，产业扶植也是一把双刃剑，因此，必须注意适时移除原先不得已的保护措施，借以通过自由竞争保持生产力的强大，同时避免利益集团的过度寻租。

在这个意义上，斯密等自由学派的意见也还是有一定针对性的，可以成为对重商主义某种偏颇的必要补正。在发展外向经济中，尤其不能迷失了促进国内发展、改善国民福祉的根本方向。任何立足于单纯依赖外部需求、收益大量回流海外、海外经营无视效益、遏制国内市场成长、回避内部制度调整的发展模式都无法行之久远。

重商主义的启示之三涉及危机管控和就业保障问题。可以毫不夸张地说，重商主义天生就是一种反危机战略，当年面对的危机，从货币短缺、技艺低下、竞争乏力、贸易逆差，到市场狭小、生产过剩、失业扩大、落后挨打等，按今人标准堪称一应俱全，管控的挑战性亦毫不逊色。

当然，反危机的要害在于增加管控，故而它同样是一把双刃剑，总是有代价的。因此，在增加管控措施时，总需要抱持"两害相权取其轻"的戒惧心态，以免由限制、管制发展为统制乃至专制。任何必要的管控都应该预订退出机制，包括条件成熟时向常态自由体制过渡。

就业始终是重商主义的重大关切，对于克服失业这样的短期问题，倾向政府干预的重商主义往往比崇尚放任自流的自由学派，有着更多可资鉴之处。如今失业问题在世界范围存在扩大化和长期化趋势，在已无殖民地之类外部减压阀的情况下，社会援助和投资激励成为一时政策之选。

但显然，如果不能将反危机、保就业与社会改革、经济放活、财政约束结合，最终可能导致公共部门继续膨胀、货币供应天量放大、债务水平无比升高、税费负担持续加重、企业经营更加困难，如此财政上寅吃卯粮的过度趋势、制度上头重脚轻的大政府小社会结构、经济上生之者寡食之者众的扭曲现象，最终只会酿成环环加深的危机。这是需要加以警惕的。

总之，借着法国史可进一步看清，重商主义是一份兼具思想性和实践性的丰厚遗产，又是一份在大国崛起过程中行之有效、随后却遭遇"过河拆桥"命运的复杂遗产。为此，经济史学界特别是后发国学界理当深入研究这份遗产，勇于拨乱反正并善于取其精华。这一切绝不意味着要摒弃自由学派中的合理和适用成分，但针对目前客观存在的厚此薄彼现象，我们亟须在二者间找到某种平衡。只有博采众长才能弥补认知盲点，进而获取切实可靠的历史经验和现实指南。

不列颠：霸权国的平衡之策

吴征宇

中国人民大学国际关系学院教授

◉ 导语

　　作为长期占据国际政治经济体系的霸权地位的霸权国不列颠帝国，在世界历史格局中占有重要的领导者地位。南京大学历史系博士、中国人民大学国际关系学院教授吴征宇将和我们一起解读19世纪和20世纪初的英国与欧洲国家间的对外政策。

19世纪的英国与欧洲

英国为何特殊？

在现代世界历史上，英国是一个非常特殊的国家。首先，它是欧洲国家体系的主要成员国之一，它同时也是全球体系中最重要的主导性海洋强国。这两重角色的承担者落在一个国家身上，就成了所谓的现代国际体系的"领导者"，即国际政治话语里所讲的，国际政治中的"霸权国"或"霸权者"。

在现代历史上，这类国家有着非常特殊的历史地位，而且它的数量也很少。在17世纪非常短暂的时间，荷兰曾经担任过该角色，之后被英国接替。1945年以后，这个角色开始被美国承担。

英国在现代历史上的地位非常特殊。从1688年光荣革命开始，一直到1945年第二次世界大战结束，英国的历史轨迹非常明确，大致分成两个波次：第一个波次是从1688年光荣革命到美国独立战争的开始，这段历史通常被称为"第二次英法百年战争时期"。在这段时间，英国与法国不仅在欧洲，同时也在海外展开了一系列竞争，最终的结果是英国战胜。

美国独立战争爆发以后，一直到拿破仑战争结束，英国的上升轨迹开始进入一个短暂的下降期。到拿破仑战争结束后，英国又开始了第二波上升趋势。从拿破仑战争到第一次世界大战，是英国历史上最鼎盛的时期，这段历史时期被称为"不列颠治下的和平"。从第一次世界大战以后一直到1945年，这是大英帝国的衰落期。

英国有哪些对外政策？

在英国将近两个世纪的主导地位的历史进程当中，它的对外政策具有非常明显的特色。英国的对外政策总体上来讲，包括了两个非常关键的要素，这两个要素也是英国在世界政治当中最重要的战略利益。

第一个要素就是大洋优势，这不仅仅是指英国的海外利益，其中包括商业、贸易、殖民地的优势；同时也包括它在海军方面的优势。海军对于像英国这样的海洋国家而言，具有不可替代的重要意义。因为海军不仅涉及英国本土的安全，同时保证了英帝国交通线的安全，以及保障英国在必要时对欧洲大陆的干预。

第二个要素是大陆上均势。"均势"是国际政治中常用的术语，英文对应的词是"Balance of Power"，意为在一个国家体系内部，不允许任何国家绝对超过其他国家，从而有能力对其他国家形成压倒性的优势。英国的对外政策，是绝不允许任何国家独霸欧洲大陆，也不允许任何国家统一欧洲。这也是英国参与历史上一系列欧洲大陆战争的最重要的目的。

在这里要特别强调，欧洲大陆国家之间的平衡，即欧洲大陆的均势对英国的意义。这个意义最关键的地方在于，英国的两个对外政策要素之间存在一种共生性的关系。大陆均势是英国的大洋优势的基本保证，而大洋优势的最重要的目的之一，是在必要时可以使英国得以有效地干预大陆均势，因此，这两个目标之间存在共生性的关系。何为共生性关系？即这两者对英国而言，不存在任何选择，要么两个都有，要么一个都不保留。

为何大陆均势对英国的意义如此重大？

特别强调，为何大陆均势对英国的意义如此重大？简单来讲有两个原因：

第一个原因，如果任何国家能够统一欧洲大陆的话，它将在规模上超越英国，这就意味着这个国家有可能在经济上超越英国，并最终可能导致其在海军力量上超越英国。所以英国不允许任何国家统一欧洲，这是英国在几个世纪以来对欧洲大陆政策中最核心的关键决策。

第二个原因，如果任何一个国家独霸欧洲，可能导致整个欧洲大陆的市场对英国完全封闭。最典型的例子就是拿破仑战争期间，拿破仑对英国执行的大陆封锁政策。英国虽然是日不落帝国，但是殖民地对它而言并不构成最关键的市场。欧洲大陆在英国主导国际体系的两个世纪中，一直是世界上最重要的地区，同时也是英国最看重的一个核心的市场。所以欧洲大陆的市场价值是殖民地无法取代的。

如何看待英国的历史地位？

如果对英国的历史地位进行反思，需要特别强调一点，即英国从1688年以后，在18世纪和19世纪一直到20世纪初期这个阶段，它在国际体系中一直占有比较明显的优势。特别是在拿破仑战争以后，在相当长时间占据了非常大的优势。英国在历史上从来没有遭到过任何国家的制衡。唯一的反例是在美国独立战争期间，由俄国沙皇叶卡捷琳娜大帝主导的一个武装中立同盟。

除此以外，体系中的任何国家，并没有对英国形成非常有效和明显的制衡。这类国家，除了英国以外，还包括当今的美国。这类国家不像大陆国家所通常受到的"均势体系的约束"。英国和美国都是它们所主导的体系中"均势的掌控者",这是它们非常特殊的身份。

英国在这两个世纪当中,占有比较明显的优势,同时又没有引起其他大国制衡的关键,在于英国的权力优势具有非常明显的合法性,这种合法性有两个基础:第一个基础是,英国是全球性体系中自由贸易的维护者;第二个基础是,英国是欧洲大陆上弱小国家的保护者。所谓"弱小国家的保护者"是指,英国是欧洲大陆均势最重要的维护者。作为国际体系中的领导者,它需要具有一个非常重要的特质,即它的私利与国际社会绝大多数成员国的公益,有一种无缝对接的关系。这种对接关系在其他国家身上非常难以实现,而这正是"领导者"必备的特质。

在19世纪早期,英国对欧洲大陆采取了哪些政策?

下面我要讲讲英国在19世纪早期对欧洲大陆的政策,主要是谈英国与欧洲协调的关系。英国在19世纪对欧洲的政策,大致上以1853年和1856年的克里米亚战争为界,分成两个不同的阶段:在克里米亚战争以前,英国与欧洲大陆保持着相对密切的接触关系;在克里米亚战争以后,英国非常明显地退出了欧洲大陆。它的重返欧洲大陆一直要等到19世纪后期,德国世界政策的出台以后,英国才开始重返。下面我们聊的就是英国与欧洲协调的关系。

1815年结束了拿破仑战争的维也纳合约签订,欧洲国家按照这场合约所签订的内容,进行了一系列政治和领土上的安排,这些安排被后世称为"维也纳体系"。"维也纳体系"有两个非常重要的基石:第一个是"维也纳体系"的领土安排,主要涉及三个地方:第一是低地国家,荷兰和比利时合并成尼德兰共和国;第二个领土安排是在意大利,意大利继续保持分裂状况;第三个,其实也是最重要的领土安排是在德意志,德意志国家保持分裂,但是德意志国家成立了德意志邦联,在这个邦联里普鲁士和奥地利分别成为德意志邦联内部的两强。

什么是"欧洲协调"？

维也纳体系的另外一个基石，实际上比领土安排可能更具有意义的是"欧洲协调"。"欧洲协调"从它的本意来讲，意为大国对欧洲和平负有特殊的责任，因而必须协调行动以保障欧洲的和平。"欧洲协调"有两层含义：第一层含义是一种会议机制。1814年英国与俄国、普鲁士、奥地利签订了一个针对法国的《四国同盟条约》，其中的一条规定是四大国定期举行会议，以解决彼此关心的一些问题。

对"欧洲协调"的第二种理解是"Moral Consensus"，道德共识。"道德共识"是美国国际政治学家汉斯·摩根索在他的名著《国家间政治》中所应用的词。在这本书里面，汉斯·摩根索探讨了均势的不充分性，特别强调了道德共识对维持均势体系顺利运作的重要作用。道德共识的潜在含义是，任何大国都没有理由以其他国家，尤其是其他大国的利益为代价来推进自身的利益。这是"欧洲协调"的第二个层面的含义，其实我个人认为这也是它最本质的含义。

英国是维也纳体系的主要创立者，但是英国在维也纳合约形成不久以后，就开始与大陆疏远，但是没有退出。在19世纪20年代，英国开始退出欧洲协调的会议机制。导致英国退出的一个非常重要的原因是，英国认定的现状与东方三国，即俄国、奥地利、普鲁士这三个国家认定的现状的含义是完全不同的。英国认定的现状是，欧洲国家间的均势，尤其是欧洲大国间的均势。

英国认为只要欧洲均势不被破坏，英国就没有必要，也没有理由来干预欧洲大陆的事务。而东方三国则认为，现状与某些特定国家的内部政权的稳定是同义的，所以东方三国认定的现状讲的是包括了维护某些特定国家的内部政体的现状，保证这些国家的内部政权不被革命推翻。这与英国对现状定义形成一个非常明显的矛盾。

这个矛盾产生的后果就是按照欧洲协调开了四次会议以后，英国开始退出，欧洲协调也从四国协调变成主要是东方三国间的协调，即俄国、普鲁士、奥地利之间的协调。这三个国家在当时因为法国大革命的影响，对任何地方推翻国家政权的运动都保持一种强烈的戒心。但是英国退出会议协调并不意味着英国退出欧洲大陆。

在英国退出会议机制以后，它与欧洲大陆仍然保持着一种相对临时性的接触关系。最明显的就是英国就某些具体问题与东方三国之间采取的一系列协调措施。最突出的有两个例子：一个是在1822年，英国反对欧洲国家干涉西班牙的美洲殖民地。英国的这一政策，后来成为1823年美国"门罗主义"的最早渊源。另外一个例子就是在1821年至1828年，英国与俄国以及其他国家协调，妥善解决了希腊起义，这也是在19世纪历史上东方问题得以成功解决的第一个最重要的范例。

英国为何退出欧洲大陆？

英国退出欧洲大陆主要是因为1853年到1856年的克里米亚战争。克里米亚战争是19世纪中期在欧洲大陆爆发的一场以俄国为一方，以英法为另外一方的战争。这场战争的起因主要是奥斯曼帝国内部的教派之争。当时奥斯曼土耳其内部的东正教教派和天主教教派，为争夺圣地的保护权而产生了非常大的争执。

"圣地"指的就是耶路撒冷的伯利恒教堂。当时的法国是天主教的保护国，而俄国则是东正教的保护国。本来奥斯曼帝国内部的两个教派之争，不应该扩散到欧洲其他地区，但是因为法国的参与，导致了事态扩大。当时法国主政的是历史上著名的路易·波拿巴（拿破仑三世）。他一直对维也纳体系耿耿于怀，因为他认为维也纳体系的目的在于约束法国。所以在1848年法国革命以后，路易·波拿巴上台后法国外交的主要目的就是破坏维也纳体系。

当时欧洲的几个主要大国，特别是英国和俄国对欧洲问题上基本保持一致，但是在东方问题上有着严重的分歧。所以法国借奥斯曼土耳其的圣地保护权问题发难，最容易离间列强间的关系，尤其是离间英国和俄国。

"东方问题"是19世纪欧洲历史上一个非常重要的外交问题，它主要涉及的是如何瓜分奥斯曼土耳其遗产。在东方问题上，历来的主角只有两个，一个是英国，另外一个是俄国。本来，拿破仑三世的离间政策也未必能达到目的，但是英国和俄国由于在东方问题上长期以来的矛盾，使得事态变得不可收拾。

"东方问题"对于英国的重要性在于，它涉及英帝国的交通线安全，它不允许俄国独霸奥斯曼帝国的遗产，从而导致俄国海军能够通过土耳其海峡由黑海进入地中海，从而威胁英国的帝国交通线安全。而俄国则不允许任何国家在其南部边疆地区占据主导优势。因为俄国不允许别的国家质疑自己在东方问题上的优势，同时英国又没有办法确定俄国在东方问题上的真实意图，最终导致了克里米亚战争的爆发。

这场战争的结局非常简单，俄国最终战败，俄国沙皇尼古拉一世自杀。克里米亚战争的重要意义在于，它导致了"欧洲协调精神"的瓦解。英国和俄国是维也纳体系的两个最重要的保障国。英国在克里米亚战争以后，因为感觉上当，所以开始逐渐退出欧洲大陆事务。俄国则是从维也纳体系的维护者转变为维也纳体系的修正者。当然，这种修正还没有达到推翻的地步，但也相当严重。

重返欧洲大陆

英国为何远离欧洲大陆？这一问题，与德国"世界政策"的推出，英国为此而进行的战略调整，有着非常密切的关系。在克里米亚战争以后，欧洲大陆发生了一系列重大事态，其中最重要的有两个：一是意大利的统一，二是德意志的统一。1871年德意志统一之后，主掌欧洲大陆外交的是德国首相俾斯麦。意大利的统一和德意志的统一标志着维也纳体系的彻底瓦解。

而相反地，英国对这一切事物都抱着一种漠不关心的态度，因为在克里米亚战争之后，英国把重点完全集中在海外商业利益和殖民利益的拓展上，同时还集中在与俄国在近东、中亚和远东所展开的一系列角逐上。在此特别强调，在整个19世纪，英国面临的最重要的对手一直是俄国，而直到19世纪末期，德国才逐步成为英国的主要对手。

英国重返欧洲大陆与德国外交的转型有何关系？

英国在19世纪后期为什么要重返欧洲大陆？这和德国当时的外交转型有着密切的关系。从1871年统一以后，德国外交大致分成三个阶段：

一是从1871年到1890年，俾斯麦主掌德国外交时期，在这个时期俾斯麦推行的是一种非常保守的欧洲外交政策；

二是从1890年到1897年，德国外交开始进入过渡阶段；

三是从1897年到1914年，当比洛夫开始担任德国首相以后，德国进入世界政策阶段。

在19世纪后期，德国的世界政策是国际关系中一个非常重要的话题。其基本背景是在第二次工业革命以后，德国快速崛起，而且在当时已迅速超越了传统的欧洲大陆上的两大强国，法国和俄国，并且是在诸多关键性指标已经超越了英国的情况下，转而展开的一种对外政策。

"世界政策"的内在动力是什么？

关于"世界政策"的内在动力，主要有以下几个方面：

一是有关国内政治的考量，德国快速崛起造成的客观后果，即德国社会的迅速分裂，在这种情况下，德国需要一个强劲的对外政策，从而达到弥合国内社会各个阶层之间裂痕的目的。

第二个考量是在对外政策方面，当时伴随着德国的快速崛起，德意志民族主义开始对德国的对外政策施加巨大的影响力，而德意志民族主义在世纪之交所阐述的基本的理念，是德国绝不应该仅仅满足于担当一个欧洲强国的角色，而应该突破欧洲舞台，走向世界，争取成为一个与英帝国、美国和俄国并驾齐驱的世界性强国。

第三重内在动力主要是荣誉。新兴国家都比较看重荣誉，尤其是对德国这样一个在第二次工业革命以后快速崛起的国家。所以，伴随荣誉而来的是新兴国家执着的神话。对当时的德国而言，一是殖民地神话，二是海军神话，这两者对德国的对外政策造成重要的影响。在此特别强调，德国强调的殖民地和海军，并非因为德国需要殖民地或海军。因为当时的德国认为殖民地和海军是世界强国的一种标配，如果没有这种标配，对德国的荣誉来说是一个非常重大的损失。

"世界政策"的主要内容是什么？

用一句话概括德国"世界政策"的主要内容，就是争取与英国在世界范围的平等。这与德国统一以后出现的德意志新一代民族主义的核心目标是一脉相承的。当时，德国最渴望的就是把自己从欧洲强国升级为世界强国，并扩展至约束欧洲大陆国家的均势，使世界所有国家，包括像英帝国这样世界范围的均势。在世纪之交，德国的民族主义思潮呈现非常明显的特色，即在基本的目标方面，精英民族主义和大众民族主义是合流的。这也体现工业革命导致的大众政治，对一个国家对外政策的影响。

德国"世界政策"的具体内涵有两点：一是争夺"阳光下的地盘"，这主要是指与其他国家在海外争夺商业利益和殖民利益；二是建立一支与英国相匹敌的海军。

"世界政策"与英德对抗有何渊源？

德国的"世界政策"导致的后果是，使得英国和德国这两个原本不相干的国家，逐步开始走向对立的态势。我在一开始讲到，英国的对外政策有两个基本目标：一是大洋优势；二是大陆均势。德国的"世界政策"对这两个目标都构成了非常重要的挑战。

在俾斯麦外交时期，德国推进的政策相对保守。俾斯麦一再强调的是，在欧洲，德国是一个已经得到满足的国家，德国不会再寻求进一步的扩张；在海外，德国绝对不去挑战英国在海军以及殖民地的利益。俾斯麦被后来的国际政治学者公认为现实主义者，在此特别强调，俾斯麦作为现实主义者是名副其实的。因为他不仅理解权力能够干什么，他也明白权力不能干什么，即他懂得德国权力的限度。如果仅仅知道权力的用途而不知道限度，这只是理想主义者的标志。

与俾斯麦的外交方式相反的，是威廉二世的外交，他在欧洲和海外同俾斯麦外交形成了鲜明的对照。在欧洲，德国已经对法国和俄国形成了非常明显的优势，实际上也开始挑战英国的大陆均势。另外，"世界政策"还致力于在海外拓展自己的商业利益和殖民利益，并建立一支强大的海军，这对英国的大洋优势形成了明显的挑战。

何为"光辉孤立"？

在此背景下，英国开始做出战略调整，该调整是以英国的"光辉孤立"外交结束为开端的。所谓"光辉孤立"，英文是"Glorious Isolation"，是1896年英国首相索尔兹伯里在一次演讲中提到的词，他用这个词专指英国在克里米亚战争以后对欧洲大陆的政策。

"光辉孤立"的外交政策有以下几个基础：一是英国在总体实力上享有比较明显的领先优势；二是欧洲大陆国家体系内部能够保持一种自我平衡，不需要英国进行干预；三是英国在必要时具备干涉大陆形势的能力，但是在19世纪末期，所有"光辉孤立"外交实行的这三个基础，全部丧失了。

为什么呢？第一是因为英国总体实力下降，从1890年开始，美国超越英国，成为世界经济的领头羊，随后德国也超越了英国；第二是因为英国看重的欧洲大陆国家体系内部的平衡，已经开始出现对德国的有利倾斜——伴随着德国的快速崛起，法国和俄国则相对落后；第三个因素是，在世纪之交，英国调控欧洲均势的能力急剧下降。

造成急剧下降的原因有三点：一是到19世纪末英国在海外的负担严重加剧，当时英国在印度和非洲建立了非常庞大的殖民帝国，消耗了英帝国相当大的精力；二是因为在19世纪末，英国在外交上的严重孤立，英国不仅与主要大国不存在任何意义上的友好或同盟关系，相反它与法国和俄国这两个欧洲主要国家在一系列的问题上都存在各种各样的矛盾，这些矛盾集中在海外；三是英国海军作用力的下降，这不仅仅是由于英国经济地位的下降而导致的，更重要的是由于当时海军技术的发展，使得大陆国家已经具备了有效地抗衡英国海上优势的手段。在这一背景下，英国在19世纪末到20世纪初开始进行了一系列的战略调整。

这一系列战略调整实际上就是组建对英国比较有利的同盟。其基本内容包括几个部分：一是与美国在西半球达成妥协，把西半球的主导权让给美国；同时，英国还在1902年与日本签订了同盟，其目的是抗衡俄国在远东的扩张。之后，在1904年与法国签订协约，以及在1907年与俄国签订协约，到此，英国战略调整基本宣告完成。

英德海军竞赛以及英国对欧洲大陆的"再平衡"

英国为什么锁定德国？

英德海军竞赛是19世纪末20世纪初国际关系中的一个非常重要的事件，正是这个事态导致了英国在世纪之交开始后不久、最终把德国锁定为自己的主要对手。

这里首先谈一谈德国海军政策的转变。德国传统上是一个大陆国家，陆军一直是德国的立国之本。在整个威廉一世时期，德国海军一直维持在近岸防御的水平，其转变是到威廉二世时期，目的就是要建立一个与英国相匹敌的大海军，因此导致了英国与德国之间展开了一场旷日持久的海军竞赛。

德国海军为何转变？

德国海军为什么要出现这样一种转变？其转变的主要动力有如下几个方面：

第一是因为"海军至上论"思潮的影响。在19世纪末，欧洲国家内部喧嚣一时的思想是所谓的"帝国主义"和"社会达尔文主义"。而在海军领域，即"海军至上论"（Navalism）。"海军至上论"是指有了海军就相当于有了一切，或者有了海军是拥有其他一切的前提条件。该理论在历史上最重要的代表就是马汉在1890年出版的《海权对历史的影响》。

在此背景下，各国心目中很容易产生"世界强国＝海军＋海洋经济＋殖民地"这样一个等式。

第二个动力在于安全环境上的变化，即工业革命造成了德国在海外利益的增长。威廉二世时期，德国海军的不发达，很大程度上是因为德国当时没有多少海外利益，但是到了威廉二世时期，伴随着德国经济的快速发展，德国在海外的利益也开始出现了迅速增长。在这种背景下，英德在海外的殖民利益和通商利益上的矛盾时有发生。那么德国开始对于英国的海上优势产生一种明显的担心。

德国海军转变的第三个重要因素在于，工业革命带来的社会结构的变化——德国中产阶级的壮大。传统的德国陆军只对容客贵族子弟比较欢迎，但是德国中产阶级在德国陆军内部，相对来说机遇受到了很大限制。但德国海军不一样，因为它的壮大，符合中产阶级改变社会地位的需求。

第四个因素是威廉二世本人的影响。威廉二世是英国维多利亚女王的长外孙，他与英国有着非常密切的关系。威廉二世不仅迷恋英国，而且也非常迷恋海军，他喜欢穿海军制服，喜欢读马汉的著作。在威廉二世的心目中，德国的地位就等于德国的实力，而海军则属于德国实力上的一个短板，所以必须加以补齐。

提尔皮茨对德国海军做出哪些贡献？

在谈到德国海军发展时，有必要提到另外一个人，他就是1897年开始担任德国海军国务秘书，相当于德国海军部长的阿尔弗雷德·冯·提尔皮茨。正因为提尔皮茨的努力，使得德国海军在德国社会的地位开始快速上升。提尔皮茨对德国海军的主要贡献，分为两个方面：一个是提升了海军在德意志第二帝国的地位，另一个是他提出了一套在当时来看非常完善的理论。提尔皮茨并非优秀的海军战略家，但他是一个一流的海军公关人士。正是在他的影响下，德国海军在德意志帝国内部的地位得到了迅速的提高。

他采取的手段有以下几个方面：一是大众动员，主要包括组织社会名流为海军进行宣传；二是加强对政界和商界的公关，动员他们为德国海军建设捐钱；三是积极增强德国民间的海洋意识，其中包括组织各种民间的海军协会，帮助出版各种与海军相关的著作与刊物。提尔皮茨为德国海军宣传定下的基调：一是强调海军与海外贸易的关系；二是强调海军与世界强国的关系。正是因为这两层关系，使得德国海军在德意志第二帝国内部的地位迅速提高。

1897年提尔皮茨受命担任德国海军国务秘书，也就相当于德国的海军部长。他在上任伊始就起草了一份备忘录，即著名的《提尔皮茨备忘录》。在这份备忘录里，他为德国海军的发展进行了非常详细的规划。提尔皮茨想发展的海军是一支以英国为主要对手的海上力量。这个背景就是当时的英国与德国在海外展开的商业竞争和殖民竞争。

为了达到这个目的，《提尔皮茨备忘录》中特别强调主要发展用于决战的战列舰。在此特别强调，本来与英国争夺海外利益，应该发展航程比较长的巡洋舰，但是提尔皮茨强调，德国应该专门发展可以用于海上决战的战列舰，提尔皮茨意在让德国海军必须夺取对北海的制海权。因为在提尔皮茨心目中，只要能获得北海的制海权，那么英国就必然会对德国做出各种让步。

提尔皮茨的"风险理论"有何成效？

提尔皮茨除了提升德国海军在德意志第二帝国内部的地位以外，他还发展了一套在当时来看非常完善的海军理论，这就是历史上非常著名的"风险理论"。该理论不仅对当时的德国，对后来其他国家也有着非常重要的影响。

当时德国发展大海军要面临两个非常重要的问题：第一个问题是德国海军究竟能否赶上英国的海上优势，因为英国是海洋国家，其主要力量专注于海洋发展，而德国则是一个陆海两栖型国家，不可能把全部资源都用于发展海军；第二个问题是德国海军在建设过程中，在还没有达到与英国平起平坐的地位之前，如何防止英国可能对德国发动的先发制人的打击。提尔皮茨的理论对这两个问题都提出了自己的答案。

针对第一个问题，即德国能否赶上英国的海军优势，提尔皮茨特别强调：第一，德国海军没有必要全面赶超英国，因为英国海军是一支全球海军，而德国海军则只需要把力量集中到北海，即对英国在局部形成优势；第二，强调技术的发展，使德国能够有效应对英国在短期内可能对德国进行的封锁，其主要涉及潜艇技术和鱼雷技术的发展；第三，英国海军与德国海军相比，在人力资源上不占优势，英国海军实行的是志愿兵役制，而德国海军事先实行的是义务兵役制。

针对第二个问题，即如何防止英国先发制人，提尔皮茨并没有给出明确的答案，他强调的只有两点：第一，德国海军在没有达到与英国相匹敌的地位以前，必须始终保持低调；第二，德国外交必须为德国的海军建设提供最大限度的保护，也就是说德国外交被提尔皮茨赋予了在战略上欺骗英国的这样一个任务，但是这个任务如何完成，提尔皮茨并没有给出非常明确的答案。

提尔皮茨的理论有哪些缺陷？

提尔皮茨的理论对后来的德国海军发展产生了非常重要的影响。这个理论在当下的许多中国学者的相关评论中，仍然可以看到。但是，该理论从当今的角度看，存在着非常明显的缺陷。

第一个缺陷是这个理论所体现的绝对安全观。当时的德国已经是欧洲大陆最强大的国家，拥有着一支在欧洲大陆无可匹敌的陆军力量，在这种情况下，德国要发展一支可以与英国展开争夺制海权的强大的海军，势必引起强烈的反弹，这种反弹不仅来自英国，也包括来自德国在大陆上的两个传统对手，法国和俄国。

第二个缺陷在于德国在战略地理上存在的不足。德国海军要与英国寻求决战，势必就意味着德国将必须获得北海的制海权。而获得北海的制海权，则势必令英国本土陷入危险，如此一来，英德矛盾就变得不可调和了。

最后一个缺陷，也是非常重要的一点，即提尔皮茨的理论在战略判断上存在严重的失误。提尔皮茨认为德国海军不需要享有对英国的全面优势，因为德国海军是一个区域性海军，它只要在北海形成对英国的优势即可。英国海军是一支全球海军，在必要时没有办法回防英国本土。因为提尔皮茨认为英国在世界范围与俄国及法国的殖民矛盾不可调和，所以英国海军不可能在必要时完全集中到北海。后来的历史发展证明，德国的这个判断基本是错误的。

英德海军竞赛对德国有何影响？

从1898年到1912年，英德海军竞赛全面展开。1912年，德国开始意识到，自身根本没有办法赢得这场竞赛的胜利。原因就在于德国是一个陆海两栖型国家，不可能把全部的资源用于海军建设。而英国则是海洋国家，它的主要精力可以全部投入海军建设方面。

尽管德国最终发现自己无法赢得这场海军竞赛，但是英德海军竞赛的政治影响非常恶劣。最重要的政治影响是，英国把德国锁定为自己的头号对手；第二个政治影响，导致德国的战略环境出现了急剧恶化，因为伴随着英德海军竞赛的全面展开，英国与法国和俄国这两个德国传统上的对手的联系日益密切；第三个影响是对德国自身的，海军竞赛导致了德国战略资源的分散，德国陆军的发展因此受到限制，实际上这对第一次世界大战的进程有着非常重要的影响。

英国如何对欧洲大陆展开"再平衡"？

伴随着英德海军竞赛的展开，英国开始对欧洲大陆展开一场"再平衡"。

前面我提到过，伴随着德国世界政策的出台，英国开始了一个漫长的战略调整时期，其中最重要的内容就是在1904年签订的《英法协约》和1907年签订的《英俄协约》。这两个协约的主要内容解决了英国与法国和俄国之间的一系列殖民争端，但它的客观效果是将这三个国家的关注点重新转回到欧洲大陆，不再为殖民问题分心。

《英法协约》和《英俄协约》从根本上讲，是英国在20世纪初对欧洲大陆的一场"再平衡"。这种再平衡的关键在于把本来的英德矛盾转化为德国与英国主导的军事体系间的矛盾。在此特别强调，该军事体系是防范德国对欧洲均势可能造成的破坏，但是均势体系并不能约束德国的正当发展。如果德国此后能够以一种双方都可以接受的方式来实行发展的话，没有任何问题，但如果德国想要用武力来获得某些不正当的利益，它就会发现这个体系立刻对它形成了约束。

德国外交有哪些困境？

在此特别强调，德国在《英法协约》和《英俄协约》这段时间，面临一系列外交困境。这种困境在很大程度上是心理上的，其中也包含两个非常突出的要点，在这里值得一提。

一是伴随着德国快速崛起，对外政策上的躁动感，以及德国对物质性能力的扭曲性认识，导致德国在纷繁复杂的国际形势面前，逐步丧失了合理界定自身国家利益的能力。确切地讲，德国不知道自己想要什么。德国的应对之策是什么都想要，结果导致德国的对外政策出现了一系列自相矛盾之处。

德国外交面临的另外一个困境其实也是特别重要的，即德国对英国的矛盾心态。德国人非常钦佩而且羡慕英国人。实际上，在20世纪初德意志第二帝国并非真正想要挑战英国的主导权，德国希望英国承认自己的平等地位，并显示某种意义上的尊重。但是这种尊重德国又无法给出确切的含义，所以最终出现了一系列问题。

最能说明在世纪之交德国外交困境的，就是从1898年到1902年，英国与德国之间展开的谈判。因为在英国的战略调整中，企图用外交手段来解决两国之间出现的一系列问题，于是英德进行协商是非常重要的一环。但是这场谈判无果而终。其中最关键的矛盾在于，英国想就一系列具体问题与德国达成协议，但德国的开价要么是全面友好，达成事实上的结盟关系；要么什么都不要，不谈具体问题，先谈原则和关系问题。

对此，英国无法接受，因为当时的德国在欧洲大陆已经对法国和俄国形成了明显优势。在这种情况下，英国如果同意与德国达成全面友好关系，那实际上等于把自己的筹码押到了德国的一方，这既不符合英国的传统，也不符合英国的利益。

所以因为这样一系列矛盾心理的驱使，德国外交开始进入一个恶性循环。特别是在1904年《英法协约》和1907年《英俄协约》签订以后，德国开始进入自暴自弃的阶段。一方面德国企图以实力来逼迫英国人承认其平等地位，但是势必遭到英国的强烈反弹。另一方面，德国骨子里非常渴望英国人能够承认德国的地位，但是德国对英国的任何善意的表示都存在一种难以消除的怀疑。

德国对"再平衡"有何反应？

在这样一种情况下，德国外交逐渐被一种武力思维取代。其中德国的错误之处，有几个方面的因素：

一是德国追求的实质，是一种不受任何威胁的绝对安全；这是绝对要不得的。对于任何国家来讲，安全都只能是相对的而非绝对的。如果一个国家想要追求绝对的安全，那么客观效果可能是在更大程度上导致自己的不安全。

德国外交的另外一个错误之处，是把国家利益与国际利益错位。任何国家都必须记住的一点是，要实现自己国家的利益当然是非常重要的，但是这种国家利益的实现，是不能以造成其他国家的利益的损失为代价的。如果需要双方进行协调的话，那么最好是使用外交手段，而非武力。武力只能使矛盾越来越加剧。

最后一点错误是，直到20世纪初期，德国一直对英国抱着一种不切实际的幻想——希望能够同英国实现一种某种意义上的"G2"，就是以德国与英国为主导，来实现一种对欧洲乃至对世界的治理模式。这是对英国核心利益的误解和漠视。

在谈到英德关系的时候，在此特别强调，英德对抗是"一战"起源最重要的因素。确切来讲，是英德对抗为第一次世界大战准备了一个最重要的舞台。在国际政治中，能引爆战争火药桶的火星是常见的，但是能够引起冲天大火的火星极少。但是，第一次世界大战恰恰是因为一个微不足道的火星所引起的。第一次世界大战的直接起因是萨拉热窝的谋杀事件，确切来讲是因为奥匈帝国与俄罗斯帝国因为在巴尔干问题上的矛盾而导致的，但是这场矛盾最终变成一场遍及欧洲乃至整个世界的大战，最核心的因素实际上是英德对抗。所以从这个意义上讲，英德对抗是导致第一次世界大战的一个最深层的，也是最重要的原因。

德国：煤铁之国争雄世界

邢来顺

华中师范大学历史文化学院教授

导语

　　华中师范大学历史文化学院副院长、教授、中国德国史研究会会长邢来顺对于德国历史上几次从分裂到统一的历程，以及德国以工业化为中心的经济现代化进程，曾经做过长期的研究。在本章的内容当中，邢教授不仅会回顾德国从1871年完成统一到第一次世界大战爆发之间的经济和政治的变化，还会回顾普鲁士王国时代德国工业建设的基础，从而更好地帮助大家理解整部德国经济史。

建立于"煤铁"之上的帝国

德国是当今欧洲乃至世界上最重要的国家之一，也是对近现代世界历史进程产生过巨大影响的国家。人们每每提到德国，都会情不自禁地将它与两次世界大战联系起来，想到它那令人生畏的军事威力。但是，当我们对德国历史做一种有机的、关联性的思考时，就会发现，从19世纪下半期以来，德国之所以能在世人面前展示如此巨大的活力，绝非单独的军事力量就能做到的。在这种强大的军事力量背后，其实隐藏着一种更原始的、根本性的支撑力，这就是德国现代工业文明的快速崛起。

就经济而言，通过19世纪30年代开始的第一次工业革命特别是70年代开始的第二次工业革命，德国在较短时间实现了工业化，成为欧洲头号工业强国。更重要的是，工业化极大地促进了德国的政治发展，不仅为强大的德意志帝国的建立奠定了经济基础，还成为德国挑战欧洲和世界秩序、称霸欧洲和争雄世界的重要动力源。

这一节，我们要谈一谈：建立于"煤铁"之上的帝国——第一次工业革命与德意志帝国的崛起。

在当今西方主要国家中，德国的现代工业化道路可谓独树一帜。德国著名社会学家拉尔夫·达伦多夫曾自豪地将其归纳为"后发、快速、彻底"的德国发展模式。它起步较晚，19世纪30年代中期，当英国第一次工业革命已经接近尾声，法国、比利时、美国等正在大规模展开第一次工业革命时，德国才开始第一次工业革命的步伐。但是它进展很快，到19世纪60年代末70年代初就完成了第一次工业革命。在1871—1918年，德意志帝国时期则利用第二次工业革命的机遇，一跃成为引领性的现代工业化国家。

这一节我们准备讲两个问题。首先我们讲一讲第一个问题：德国在第一次工业革命中，它的发展道路有什么独特性？

第一次工业革命是西方各主要资本主义国家工业化的第一阶段。在这一阶段，大多数国家遵循了工业革命先行者英国的发展模式，首先从棉纺等轻工业领域开始工业化进程。德国棉纺业也不例外地首先受到第一次工业革命的波及。但是，由于价廉物美的英国纺织品的竞争和压制，德国纺织业从一开始就陷入一种艰难、缓慢的发展境地，以致1835年德国棉纺织业生产水平仅与英国1788年水平相当，而1900年时德国的皮棉加工能力才赶上英国1850年时的水平。由此可见，德国要想迅速完成工业化进程，赶超英国，必须避开跟在英国之后爬行的老路，走有自己特色的工业发展道路。

德国正是这样做的。它在19世纪30年代开始第一次工业革命以后，迅速将发展重心从轻纺工业转向铁路建设领域，以此拉动重工业发展，结果事半功倍，到19世纪60年代末70年代初就基本完成了第一次工业革命。

虽然德国铁路建设起步晚于英法等国，却能以更快的速度发展。据统计，1840—1850年间德国铁路长度增长约11.5倍，远远高于英国的3.4倍和法国的4.9倍。1840年德法两国的铁路里程基本持平，法国还略长。10年以后，德国却拥有了超法国两倍的铁路线。从铁路建设里程看，1835年德国铁路长度只有6公里，到1865年就增加到了14690公里。

人们或许会问，为什么这一时期德国的铁路建设发展如此迅速？当时德国还没有统一，政治上仍处于分裂状态，各邦都有各自的打算，根本谈不上在铁路建设方面进行统一规划。因此，人们无法用"强有力的国家政权的支持"或"集中力量办大事"这一说法来解释德国铁路建设的高速发展。但是，相关研究表明，虽然国家分裂使德国长期在政治上积弱，经济上落后，无法与西欧的英、法等国相比，不过仅就铁路建设而言，正是德国的这种分裂做出了重大"贡献"。原因在于各邦政府出于对本邦的经济、交通和安全等利益因素的考虑，在铁路建设中出现了一种"赛跑"性竞争，以便取得在商业贸易等经济发展中的有利地位，防止因交通不便而受人忽视。德国铁路建设的高速发展正是这种激烈竞争的、无意识的自然结果。

让人意想不到的是，大规模铁路建设成了德国第一次工业革命的火车头。它不仅大大改善了德国的交通运输状况，而且直接或间接地拉动了第一次工业革命中作为主导性产业的钢铁、煤炭、机器制造等重工业的发展。

首先，大规模铁路建设推动了德国钢铁工业的发展。铁路建设对铁轨、机车和车皮制造等需求的刺激，推动了德国钢铁工业加快发展。据研究，当时德国所有现代型铁厂产品的50%以上用来供应铁路建设，但仍不能满足需求，以致德国钢铁工业在19世纪50年代后只有通过更猛烈的发展来适应大规模的铁路建设的需要。在1840—1870年30年间，德国的生铁和钢产量分别增长6倍和8倍以上，其中1850年以后增长尤其迅速，增速每10年翻一番。

其次，铁路建设大大推动了煤炭工业的"扩张"。一方面，机车燃煤的需求以及钢铁工业扩张对冶炼焦煤的需求，刺激了煤炭开采业的发展。当时德国石煤产量的1/3直接用于满足迅速发展的钢铁工业的需要。另一方面，铁路网的建成也大大降低了煤炭运输成本，提高了德国煤炭在市场上的竞争能力，市场占有份额得到扩大。德国煤炭产量因此迅速上升。

1840—1870年间，德国石煤产量从318万吨猛增至2640万吨，也超过了平均每10年翻一番的增长速度。

最后，铁路建设尤其促进了德国机器制造业的进步。在这方面，蒸汽机车制造业的发展具有典型性。机车制造技术相当复杂，在一定程度上反映了当时一个国家机器制造业的综合水平和实力，因此，德国机车制造业的发展不仅表明了铁路建设对德国机器制造业的推动作用，而且可以作为一个缩影向人们展示这一时期德国机器制造业的迅速发展状况。1835年德国第一条铁路建成后，各大邦纷纷开始建立自己的机车制造厂，其中以柏林的波尔锡希机器厂发展最快。1841年，波尔锡希机器厂制造出第一台机车，30年后它便发展成为当时世界上最大的机车制造厂。到19世纪60年代，德国的机器制造已经可以与英国一较高下。德国人对于本国机器制造业的快速发展充满了自豪感。1867年，一位德国人在评价巴黎世界博览会时曾自信地写道："我们的织布机、工具机和蒸汽机车已经与英国、美国的不相上下。"

随着钢铁、煤炭和机器制造业等重工业的高速发展，到19世纪60年代末70年代初，德国的一些先进地区，如普鲁士、萨克森、巴伐利亚、巴登等地，第一次工业革命已经基本完成。1870年德国在世界工业生产当中所占的比重已经达到13%，超过了老牌的资本主义国家法国，当时法国仅占10%，德国进入了世界先进国家行列。

再讲第二个问题：为什么"煤铁"强权普鲁士能够创立德意志帝国？德意志帝国的创立又对欧洲国际格局产生了什么影响？

第一次工业革命不仅使德国迅速迈入世界经济强国行列，也造就了德国的经济霸主普鲁士。在第一次工业革命中，普鲁士凭借快速发展起来的煤铁等重工业以及它主导的德意志关税同盟，牢牢地确立起在德意志的经济霸主地位。

首先是普鲁士确立起在工业领域的绝对优势。普鲁士的工业革命与德意志其他邦国同步，但规模更大，发展更快。由于拥有莱茵—威斯特伐利亚和西里西亚等发达的工业区，普鲁士的工业发展表现更加突出。这可以从它的几家大型企业的发展中得出结论。举世闻名的克虏伯公司，在1810年创立时只有10余名工人，到19世纪中叶时已经拥有职工1700多人。它生产的铸钢车轮、大炮等畅销国内外。柏林著名的波尔锡希机器制造厂，从制造出第一辆蒸汽机车到发展为世界上最大的机车制造厂，只用了30年时间。普鲁士的工业产量在德意志各邦中尤其突出。以煤钢等重工业为例，1870年全德钢产量105万吨，普鲁士占92万吨；全德煤炭产量2640万吨，普鲁士占2332万吨。也就是说，普鲁士的煤钢产量都占全德煤钢总产量的近90%。

其次是普鲁士利用德意志关税同盟确立起在德国经济一体化进程中的主导地位。从中世纪到近代，德国长期处于分裂状态。各邦拥有独立的税收和商业政策，整个德国关卡林立，关税繁多。甚至在普鲁士邦内部，到1818年时仍然存在60个关卡。众多的关卡关税严重妨碍着商品的自由流通，阻碍着德国现代工商业经济的发展。

在这种形势下，以著名国民经济学家弗里德里希·李斯特为代表的一些学者提出了建立统一的德意志关税同盟的主张（关税同盟是要取消地方关税保护，建立统一的对外关税保护），认为一个国家的工业在建立之初必须实行保护关税，以便对付外国的竞争。李斯特关于建立关税同盟的主张遭到坚持实行本邦保护关税政策的德意志大邦奥地利的反对，却为深受关卡林立之害的另一大邦普鲁士所接受。

此后，普鲁士凭借自己的经济实力，恩威并施，威逼利诱，先后迫使奥地利之外的各德意志中小邦接受自己的关税政策。例如，对于被普鲁士领地包围的安哈尔特等小邦，主要通过威逼手段迫其就范；对于萨克林—迈宁根等邦，则以新修公路穿过其境内为诱饵，促使其合作。1833年，普鲁士领导下的统一的德意志关税同盟建立。德意志关税同盟的形成，有利于德国经济的一体化，也为日后德国的政治统一搭起了统一的经济框架，推动着分裂的德国向普鲁士领导下的统一迈进。

一方面，由于关税统一，在一定程度上减轻了政治分裂对德国经济的阻碍。各邦之间互通有无，交往日益频繁。到19世纪60年代，工业发达的萨克森所需的大部分粮食来自普鲁士，南德各农业邦所需的生铁、煤炭等工业原料也来自普鲁士，从而加强了各邦对普鲁士的依赖。

另一方面，更重要的是，关税同盟强化了各邦对普鲁士的财政依赖。关税同盟成立后，关税收入成为关税同盟各邦增长最快的财政收入来源。在符滕堡，1830年关税收入只占其收入预算的7.4%，1839年已经上升到14.6%。在巴登，1830年关税收入只占总收入的8.4%，1840年时则达到了16.1%，1850年时更达到了19.6%。这种巨大的经济利益迫使各邦统治者不得不向普鲁士屈服。巴伐利亚国王路德维希二世在1864年时曾无奈地指出，除了接受普鲁士的条件以外，"没有别的选择"。符滕堡也认为："我们迟早要向普鲁士屈服，因为我们别无选择。"正是从这一意义上，有德国史学家认为：德意志关税同盟实际上已经迫使德意志各邦在德意志两大邦国普鲁士和奥地利的争霸中做出了抉择，"将作为领导性强权的奥地利最终排挤出了中欧"。此后的普鲁士通过王朝战争将奥地利赶出德意志，只是确认了这一结果而已。

总之，通过第一次工业革命，到19世纪五六十年代，普鲁士已经有了超出德意志其他邦国总和的经济实力，掌握了德国的经济领导权。正是凭借这种建立于"煤铁"之上的雄厚经济实力，普鲁士首相俾斯麦推行"铁血政策"，通过三次所向披靡的王朝战争先后打败丹麦、奥地利和工业实力已经弱于德国的欧洲大陆霸主法国，于1871年创立了统一而强大的德意志帝国。正是从这一意义上，英国著名经济学家凯恩斯认为："德意志帝国与其说建立在铁血之上，不如说是建立在煤铁之上要更真实些。"

统一的德意志帝国的建立对整个欧洲国际关系格局产生了深远的影响。亲眼看到德国统一的英国保守党领袖、著名政治家迪斯累里曾将德国的统一比喻为影响超过1789年法国大革命的"德国革命"，因为它颠覆了欧洲原有的国际关系格局，使欧洲"所有外交传统一扫而光""均势遭到彻底摧毁"。新建立的德意志帝国由于它众多的人口、强大的经济力量以及屡经证明的强大军事力量，取代了俄国和法国，成为欧洲大陆的潜在霸主。

德意志帝国：工业先锋国家的诞生

从德意志帝国建立到第一次世界大战前的40多年中，德国在完成第一次工业革命的基础上，通过全面介入世界第二次工业革命，迅速发展为工业先锋国家。

我们曾经讲到，到19世纪60年代末70年代初，德国基本完成了第一次工业革命，并使自己在西欧各国中的工业实力位次明显前移，其工业产量超过法国，成为继英、美之后的世界第三工业强国。

但是，就整体经济结构而言，德意志帝国初期还没有达到工业化国家的水准，只能称为拥有较强工业经济实力的农业国。从德意志帝国初期的经济结构看，农、林、渔等第一产业占37.9%，而工业、手工业和采矿等第二产业只占31.7%，第一产业产值仍然比第二产业产值高出许多。因此，这时德国社会的整体经济结构仍然保持着农业主导型特征。

但是，19世纪70年代以后，德国抓住第二次工业革命的机遇，求新求变，一方面在传统领域采用新的科学技术，改进生产工艺，提高产能；另一方面利用建立在电能、内燃机、合成化学等新技术平台的优势，创立新兴工业部门，建立新的工业增长点。这种两手并用的发展战略使德国工业出现了跳跃性发展，德国也迅速实现了从农业国向工业国的转变，并且一跃成为工业先锋国家。

在这一节中，我们要讲两个问题：

首先我们讲一讲第一个问题：德国如何利用新技术确立起钢铁、煤炭生产大国地位？

由于德国在第一次工业革命中选择了以铁路建设拉动钢铁、煤炭和机械制造等为核心的重工业发展的模式，工业生产到19世纪60年代就已经超过法国。尽管如此，英国仍然凭借第一次工业革命中确立的技术优势雄踞各主要资本主义国家工业生产首位。而这时第一次工业革命中形成的技术潜力已经基本耗尽。这意味着，后起的工业国家如果要再上一个台阶，迅速赶超英国，就必须利用新的技术平台。正是在这种背景下，德国和美国抢先一步，改变第一次工业革命中尾随英国的被动局面，利用电能、内燃机和合成化学等新科技优势，最终将抱残守缺的老牌工业大国英国甩在了后面。

在钢铁、煤炭等传统工业领域采用新技术，改进生产工艺，使老工业焕发青春，是德国在第二次工业革命中实现工业跳跃性发展，快速超越英国的一大产业发展战略。

钢铁工业是德国利用新技术改造传统产业而取得巨大成就的典范。我们在前面已经提到，德国钢铁工业在第一次工业革命中有了强劲的增长。尽管如此，与当时世界头号工业强国英国相比，德国的钢铁产量实在微不足道。以生铁产量为例，1870年世界生铁总产量为1290万吨，其中英国为670万吨，占世界总产量的近52%，德国约为140万吨，仅占世界总产量的12%。

形成这种局面的主要原因在于英国掌握着钢铁冶炼技术方面的优势，而德国却没有适合本国条件的冶炼技术。英国人亨利·贝塞麦在1856年发明的转炉炼钢法使英国的钢产量大增，但这种工艺的两大前提条件都只能使德国人望而兴叹：第一，它无法用于含磷铁矿的冶炼；第二，它需要高额投入，仅两个转炉设备就需投入上百万马克。这对于仅拥有丰富的磷铁矿但资金极其短缺的德国而言，应用推广难度显然很大。

所以，德国若想在钢铁工业领域动摇英国的霸主地位，就必须得到适合德国钢铁工业发展的新技术的支持。1879年，英国出现了托马斯炼钢法，它通过在炉内加入生石灰解决了含磷铁矿石的脱磷问题，从而使得德国利用丰富的磷铁矿有了可能。德国钢铁行业对这一最新技术如获至宝，当年就将这一专利引入了德国。由于采用新工艺，德国的钢铁产量出现了突飞猛进的增长。到1913年，德国的钢铁产量分别达到1620万吨和1931万吨，在世界钢铁生产中的比重分别上升到24.7%和24.1%，同期英国在世界钢铁生产中的比重却下降到了10.2%和13.3%。1913年，德国已成为世界上第二大金属生产国和最大的金属出口国。

德国的煤炭工业也因为采用新技术而出现了迅猛增长。这一传统工业部门再上新台阶的主要动力是新矿井工艺和新开采机械等新科技的运用。19世纪80年代，电力矿用铁路开始投入使用。19世纪末，电动泵开始运用于矿井汲水，电动马达驱动的通风机也取代了原来的蒸汽机。采煤工具中也出现了开采锤、簸动输送机等各种新设备。

所有这些新技术和新机器的使用都大大提高了采煤效率。德国采煤业的规模和产量因此迅速上升。这一点同样可以从英德两国煤炭开采量的比较中看出。1880—1913年，英国煤产量从1.49亿吨增至2.92亿吨，德国由5910万吨（其中褐煤1210万吨）增加到2.89亿吨（其中褐煤8750万吨）。到1913年时，德国产煤量实际上已经接近英国的水平。

本节要谈的第二个问题是：德国如何积极发展电气、化学等新兴工业并成为工业先锋国家？

这一时期德国工业发展的另一个显著特点是，电气、化学工业等在第二次工业革命中具有代表性的新兴工业部门异军突起，成为确立德国工业引领性优势地位的支柱产业。正是这些新兴产业使德国成为第二次工业革命时期真正意义上的先锋国家。

电气工业的兴起是第二次工业革命的核心内容和主要标志。德国人敏感地觉察到了这一新兴产业的广阔发展前景。19世纪80年代，以维尔纳·西门子和艾米尔·拉特瑙等为代表的德国企业家利用电灯和电话等普及的契机，率先开始了电气工业的大规模发展，从而使德国取得了这一领域的"领导"权。德国著名经济史家维尔纳·松巴特曾形象地描述了当时德国电气工业的繁荣景象："19世纪80年代，特别是90年代，这一部门中从事工业活动的企业，有如雨后春笋，一个超一个地猛长，以至到1912年的今天，德国已经遍布这一新兴工业，而这一工业在30年前还几乎无人知晓。"到1896年，德国电气工业中已有39家股份公司，并逐步形成了西门子—哈尔斯克和通用电气等七大巨头。

从世界范围看，当时没有一个国家能在电气工业的发展方面与德国相比。1913年，德国的发电量达到80亿千瓦时，比英国、法国和意大利三国发电量的总和还要多。到第一次世界大战前，德国生产的电气产品占全世界的34%（有的研究甚至认为这一比重达到50%），居各国之首，作为头号工业大国的美国仅占29%。德国电气工业产品中约1/4销往世界各地，出口量占世界电气产品出口量的46.4%。德国在电炉炼钢、铁路电气化等电能应用方面也都居于世界首位。

发达的化学工业是第二次工业革命中德国异军突起的又一重要标志。大家知道，在第一次工业革命中，棉纺织工业对苏打和硫酸的需求导致英国最先建立起现代化学工业，但是德国在第二次工业革命中抓住化学研究的最新成就并将其产业化，仅用了二三十年时间就使自己在这一产业领域取得了近乎垄断的地位。

19世纪中期以后，化学工业中出现了合成物质代替天然材料的趋势。1856年，英国人威廉·帕金首次从煤焦油中提炼出苯胺染料，不久，他的导师，时任伦敦皇家化学研究院院长的德国著名化学家霍夫曼也提炼出两种染料。这本是英国发展合成染料工业的绝好机会，但是这时的英国工业界陶醉于已有成就，没有理会这些新发现；相反，德国工业界却看到了合成化学工业的诱人前景，做出了果断而正确的抉择，投入大量人才和资金进行煤焦油的综合开发和利用，逐渐在世界化工市场占据了主导地位。

结果，以生产合成染料为代表的德国化工企业就雨后春笋般地涌现。仅1870—1874年的短短5年中，德国就成立了42家化学公司。到1896年，德国已拥有108家化工股份公司，出现了巴登苯胺—苏打企业、弗里德里希·拜尔公司等世界著名的大型化工企业。德国染料工业在世界染料工业的地位因此大幅上升。1880年，德国生产的合成染料占当时世界总产量的50%，1900年这一比重上升到90%。德国还生产和加工着世界上95%—98%的钾化合物。1900年，德国的硫酸产量仅相当于英国的55%，到1913年，形势逆转，德国硫酸产量已相当于英国的155%。

化学工业的迅猛发展使德国在化工领域处于"旁若无人"的境地，以至于这一产业被一些史学家称为"德意志帝国最伟大的工业成就"。意大利著名经济史学家奇波拉在对英德两国的染料工业进行比较后曾得出这样的结论："单就这个工业来说，英国像个不发达国家，带有殖民地经济特色，它向德国输出未加工和半加工的煤焦油产品等原料，再从德国买回精制的昂贵的染料成品。"

电气和化学工业作为新兴的现代产业，它们的迅猛发展在一定程度上体现了后来居上的德国作为新兴工业化国家的旺盛工业活力。正是凭借这些新兴工业，德国一跃成为世界工业先锋国家。

在第二次工业革命中，由于德国人将最新科学技术运用于生产的动作十分迅速，德国经济发展出现了跳跃性增长，并因此迅速实现了从农业国向工业国的转变。从1870年到1913年间，农林等第一产业在德国社会生产中所占比重，由原来的约40.5%下降到了23.2%，同期工矿等第二产业在社会生产中的比重由原来的约28%上升到了45%以上。此外，在就业人数、资本投入等方面，第二产业也都超过第一产业，上升到了第一位。

从德国在世界工业生产中所占比重看，1870年时为13%，位居英国和美国之后，占世界第三位；1910年则已上升到16%，仅次于美国的35%，居世界第二位。同年，英国和法国的工业生产则下降到占世界工业生产总值的14%和7%。德国成了欧洲第一的资本主义工业强国。

高速工业化带来的快速经济增长以及由此而造成的国民经济结构从农业形态向工业主导型结构的转变，也使德国的对外贸易结构发生巨大变化，德国逐渐转变为外向型经济国家，在世界进出口贸易中所占比重不断上升。1870年，德国已经成为世界第三大出口国和第二大进口国。19世纪80年代以后，德国又在世界出口贸易中超过法国，成为紧随英国之后的第二大出口国，在外贸总量方面也直逼英国。这些都表明，德国已经成为世界经济强国。

德意志帝国：从称霸欧陆到争雄世界

政治与经济之间的关系是密不可分的。随着德国工业实力的增强，其对外政策也出现了明显变化。这种变化体现为，俾斯麦时代旨在巩固欧洲大陆霸主地位的"大陆政策"逐步让位于威廉二世时代夺取世界霸权为目标的"世界政策"。确切地说，就像我们在前面讲到的，在德意志帝国前期，德国还只是一个拥有较强大工业实力的农业国，它的对外政策与这种经济基础相对应，主要着眼于称霸欧陆；到德意志帝国后期，德国已经发展成为引领性工业国家，其对外政策也相应调整，出现了向争雄世界的转变。这个改变是如何发生的呢？下面我们分为两点来谈这些问题。

首先我们要谈的第一点：为什么俾斯麦时期的德国在外交方面推行大陆政策，并满足于称霸欧陆？

从1871年德意志帝国建立直到19世纪80年代中期之前，是俾斯麦主政德国。俾斯麦是一位现实主义政治家。1862年出任普鲁士首相后，他利用普鲁士的实力，推行铁血政策，用武力打败了丹麦、奥地利和法国，建立了强大的德意志帝国。当时俾斯麦主政下的德国对外政策遵循的基本方针是：全力防止宿敌法国复仇，一心一意地谋求德国在欧洲大陆的霸主地位。为此，他以圆滑的外交手腕在欧洲大陆建立起以德国为中心，由德奥俄三皇同盟、德奥同盟、德奥意同盟、德奥罗同盟等构成的大陆同盟体系，以此操控欧洲大陆时局、保障德国在欧洲大陆的主导地位，这就是所谓的"大陆政策"。

正因为如此，人们审视这一时期的欧洲时会发现一种奇怪现象：在欧洲大陆呼风唤雨的德国，却是当时欧洲主要国家中极少数没有寸土海外殖民地的列强之一。甚至直到19世纪80年代初俾斯麦仍然对外宣称："只要我还是帝国宰相，我们就不会推行殖民政策。"俾斯麦之所以在殖民地问题上持这种态度，主要在于他认为，当时德国实力还不足，如果要抢夺殖民地，就像没有衬衣的波兰贵族追求丝绸和貂皮外衣一样。

但是，数年之后，这位宰相在殖民政策上来了一个180度的大转弯，在1884年4月到1885年5月的短短一年时间，德国将西南非、西非的多哥和喀麦隆、东非以及南太平洋的许多岛屿都变成自己的殖民地，创立了面积远远超过德国本土的大殖民帝国。

促使俾斯麦将德国带入殖民列强行列的原因是多方面的。比如，到19世纪80年代上半期，俾斯麦已经完成以德国为中心的大陆同盟体系建设，德国在欧洲大陆的地位得到保障，从而可以放手扩张。此外，当时英国正在与法国争夺埃及，与俄国争夺阿富汗，需要拉拢欧洲大陆头号强国德国。英国首相索尔斯伯里说得很清楚："为了取得德国的支持，英国必须在殖民地问题上与德国合作。"

但是，就推动俾斯麦创立殖民帝国的主要原因而言，应该是德国工业快速增长引发的对原料和销售市场的需求。换句话说，德国的工业发展对海外工业品销售市场和原料产地提出了要求。德国与非洲之间迅速增长的贸易也证明了这种需求。据统计，1871—1883年间，德国从非洲进口的货物增长183%，出口增长近530%。加之当时各主要西方列强掀起争夺殖民地和瓜分世界的浪潮，德国各界也纷纷成立以海外殖民扩张为目的的组织，要求为德国工业获取原料产地和销售市场。正是面对这一形势，俾斯麦也开始为殖民扩张辩护，声称"殖民地将意味着为德国工业和商业扩张赢得新的市场"。

尽管如此，俾斯麦的对外政策重心始终放在欧洲大陆。1885年9月，近东爆发反对土耳其统治的起义，欧洲列强之间出现了一系列外交冲突。俾斯麦担心法国借机拉拢其他列强对德复仇，赶紧将注意力从抢夺海外殖民地转回欧洲大陆，以防不测。他后来在会见德国非洲问题专家、殖民扩张鼓吹者欧根·沃尔夫时，谈到他中止殖民扩张的原因："您的非洲地图的确很美，可是我的非洲地图在欧洲。这里是俄国，这里是法国，而我们在中间，这就是我的非洲地图。"

实际上，俾斯麦之所以在对外殖民扩张问题上犹豫不决，除了欧洲国际政治变化的牵制外，一个非常重要的原因在于：虽然这时的德国已经完成了第一次工业革命，有了一定的工业实力，但从整体上看德国还是一个农业经济为主体的国家。直到1889年，也就是俾斯麦下台的前一年，德国的工业产值才开始赶上并超过农业。这时的德国还不具备越出欧洲大陆、与英国等老牌资本主义国家在全球范围一争高下的经济实力和综合国力。因此，俾斯麦对外政策的目标只是满足于德国称霸欧洲大陆。

接下来我们再谈谈本节的第二点：为什么威廉二世时代的德国开始推行"世界政策"并踏上争雄世界的征程？

进入19世纪90年代后，随着德国经济及综合国力的增强，俾斯麦仅仅保持德国作为欧洲大陆强国的政策已经不能满足德国人的欲望和野心。谋求世界强国地位，争夺世界霸权开始成为德国对外政策的主要目标。1890年，年轻气盛的德皇威廉二世不满俾斯麦的保守性对外政策，迫使这位老宰相辞职，德国外交政策也改弦易辙，出现了从大陆强国政策向世界强国政策的转变。

因此，1890年接替俾斯麦的新宰相卡普里维立即打出了所谓的对外政策"新路线"。根据这一新路线，德国在对外贸易方面要"为德国工业产品开辟国外销售市场"，德国的外交政策也与之相适应，将目光从欧洲大陆转向海外，一改重视与欧陆强国俄国友好的政策，转而追求世界海上及殖民霸主英国的友谊。

19世纪90年代中期以后，工业的高速增长进一步助推着德国迈向争雄世界的征程。随着第二次工业革命的深入，德国以工业产品为主体的出口进入了高速增长阶段。1880—1894年，德国年出口量始终徘徊在30亿马克左右，1895年德国出口首次突破33亿马克，1905年达到了57亿多马克，1913年更增加到了100亿马克以上。德国工业在钢铁、电气、化学等重要工业领域的生产中都超过了英国。这种增长给德国人以"一种新的力量感"，也使德国统治者有了争雄世界的野心。

1897年，威廉二世任命比洛夫出任德国外交国务秘书，提尔皮茨出任德国海军大臣，德国政府正式开始向外推行"世界政策"。这种扩张性极强的"世界政策"的核心动力是：德国要"把世界市场视作她的猎区"，也就是要通过支配和统治世界，"使世界市场服务于德国的国内工业"。

在"世界政策"的指引下，德国的对外扩张呈现双管齐下方式，一方面大力扩建海军，另一方面积极抢占海外殖民地。

首先是积极扩建海军。无论是要成为世界强权还是要抢占海外殖民地，都必须拥有一支强大的海军，这是当时德国热衷于所谓的"舰队政策"的主要动机。海军大臣提尔皮茨早就提出，为了保护德国的世界政策和经济利益，必须建立一支强大的海军。威廉二世是英国维多利亚女王的外孙，从小就感受到英国海上霸权带来的荣耀，因此对建立一支强大的舰队更是情有独钟，在多次演说中大力鼓吹要扩建海军，认为德国未来的命运在海上。

德国重工业也大力促进和支持扩建海军。而德国重工业界之所以对扩建海军如此热心，不仅因为它会为德国带来海上和殖民霸权，还因为它建造的战舰会给予之相关的工业企业带来巨额利润。正因为如此，德国海军联合会主席在给海军大臣提尔皮茨的信中毫不掩饰地指出："通过新战舰的订货以及由此而带来的商业和工业的活跃，会使与之有关的交易所行情上涨。"

正是在以上动力的驱使下，德国议会于1898年通过了第一个扩建海军法案。根据该法案，德国将在1898—1903年的六年中建造共96艘战舰（11艘装甲舰、5艘装甲巡洋舰、17艘巡洋舰和63艘驱逐舰），按照这一速度，新军舰下水会像"下饺子"一样。但是德国政府仍嫌1898年法案提出的海军扩建速度太慢。1900年又通过第二个海军法案，规定到1915年时使德国海军力量达到英国的水平。

德国大力扩建海军，立即引起海上霸主英国的关注。英国害怕动摇自己的海上优势，和德国展开了激烈的海军军备竞赛。但是，正在走下坡路的英国在这场军备竞赛中有些力不从心。而财大气粗的德国却咄咄逼人。到1908年，德国海军已经从1897年时位居世界第七的"婴儿舰队"一跃成为几乎可以向英国海上霸权发起挑战的世界第二大舰队。但德国仍不满足，1908年和1912年又通过新的扩建海军法案。德国扩建海军的政策招来英国的敌视。英国外交部一位官员说得很直白："德国在海上的领先地位是与不列颠帝国的生存不相容的。"

其次是抢占殖民地。德国在大力扩建海军的同时，殖民扩张步伐也骤然加快。

在非洲，德国首先与英国展开争夺。当时德国计划在俾斯麦创立的殖民帝国的基础上建立一个西起德属西南非和西非，东至德属东非（坦噶尼喀）的斜断非洲殖民大帝国。这一计划与英国正在实施的从开普敦至开罗的纵贯非洲大陆的"二C计划"发生冲突。双方在交叉的南非地区展开了争夺。德国的举动引起英国的强烈不满。英国甚至派出海军到英吉利海峡和北海示威。最后德国因自己海军力量薄弱，不得不放弃夺取南非的计划。

此外，德国还在北非与法国展开争夺摩洛哥的斗争，并引发两次危机。由于德国在扩建海军和抢夺殖民地方面咄咄逼人，英国决定与争夺殖民地的老对手法国和解，共同对付德国。在英法联合压力下，德国最终不得不承认法国在摩洛哥的特权。

在南太平洋地区，德国与英美两国展开了争夺萨摩亚群岛的斗争。1889年，三国曾经就萨摩亚群岛达成协议，规定该群岛由三国共管。但德国想独占该群岛，以便为德国海军建立一个军事基地。因此，德国在1899年利用英国与南非布尔人战争的困境，迫使英国签订协定：英国放弃对萨摩亚群岛的一切要求，德国取得这一群岛中的两个最大岛屿，其他两个岛屿归美国。

远东地区是德国殖民扩张的重点目标。1896年春天，当时身为德国东亚舰队司令的提尔皮茨专程来到远东，为德国在华选择立足点，并且看中了胶州湾。1897年11月山东曹州巨野县两名德国传教士被杀。威廉二世听到这一消息后大喜，认为这是"为德国工业获取新的销售市场"的绝好机会。

于是德国政府没等中国政府表态，就命令它的远东舰队开进了胶州湾，夺取了青岛，并迫使清政府在1898年签订《胶澳租界条约》，规定胶州湾租让给德国，租期99年。德国还获得了在山东修筑铁路并在铁路两侧采矿的权力。

中近东地区连接欧、亚、非三大洲，是德国"世界政策"重点目标，也是"德国经济扩张的一个主要突击方向"。当时德国对近东的出口特别强劲。1897—1910年间，德国产品在土耳其进口货物中所占比重由6%

迅速上升到了21%。因此，德国外交部商业司在1894年就已经提出将小亚细亚变成德国的工业品销售市场、投资场所和粮食供应地。

结果，为了控制中近东地区，德国决定修建一条从柏林经拜占庭（也就是君士坦丁堡）直到巴格达的所谓"三B铁路"（也叫巴格达铁路）。1898年，威廉二世为了争取三B铁路的修筑权，还专门访问了土耳其，亲自充当推销员。但是德国在中近东地区的扩张引起英、法、俄三国的不安。英国担心"三B铁路"一旦建成，会使德国势力深入西亚，威胁英国在伊朗、阿富汗甚至印度的利益。俄国害怕因此影响自己对黑海海峡的控制权，而法国作为土耳其最大的债权国，也不愿意看到德国在土耳其势力的扩大。结果，英、法、俄三国为对付德国的威胁而逐渐走到了一起。

威廉二世时期德国的"世界政策"从表面看有一些成就。首先，德国的海军从一支婴儿舰队迅速壮大为世界第二大海军；其次，从抢占殖民地看，到1914年德国已经发展为仅次于英法的世界第三大殖民帝国，拥有殖民地达100多万平方英里，人口1500万。

但是，与此相比，德国锋芒毕露的"世界政策"也大大加剧了德国与其他老牌列强之间的矛盾。德国对既有世界秩序的挑战迫使它们联合起来。从这一角度讲，德国是得不偿失的。德国大力扩建海军和抢占殖民地，严重威胁英国的海上霸权和殖民帝国地位，英德两国因此走向敌对。德国与法国在非洲的争夺，使两国之间旧仇未了又添新怨。特别是德国在中近东地区的扩张，引起英、法、俄三国的严重关注。

为了对付德国咄咄逼人的攻势，这三个国家终于捐弃前嫌，形成了应对德国挑战的强大的协约国集团。欧洲终于形成了德奥意为一方和英法俄为另一方的两大军事集团。1914年第一次世界大战爆发，德国争雄世界的挑战政策也随着战争的失败而化为烟云。1918年，雄霸一时的德意志帝国垮台。德国的快速崛起和挑战由此中断。

7

美国：新大陆国家的世界经济霸权之路

王　黎

吉林大学教授

导语

我们前面提到的在世界近现代历史上扮演过重要角色的经济大国都是西欧国家，更具体地说都是西欧的强国。美国是我们提到的第一个非欧洲的全球经济强权，也是第一个在世界舞台上扮演主要角色的洲际强国。

全球经济活动的主角由西欧国家变成美国，潜在地也暗示了世界政治格局和权力中心的变化。这种变化在很大程度上是由20世纪的两次世界大战所促成的。美国无疑是这两次世界大战的胜利者，此后它又赢得了跟苏联对抗的冷战，作为全球经济霸主的地位在事实上延续到了今天。

吉林大学的王黎教授有过很长的在英美两国求学并且从事国际关系研究的经历，对欧美两个地区的外交史以及美国的大战略都有过非常精深的研究。对长久以来美国经济的崛起，乃至它最终建立起全球霸权地位存在的疑问，他将一一为我们释疑。

相比"旧大陆"欧洲，"新大陆"美国有哪些多元优势？

大家知道，霸权有多种形式，政治上的、军事上的、经济上的，这里谈的是美元在国际体系中的支配地位，或者说"美元霸权"。作为一个只有230多年历史的国家的货币，美元的地位不仅是历史短，而且在美国建国之初，美元还十分脆弱，美元还不如西班牙比索的价值。那么，美元是在何时崛起为国际货币，它的地位是如何形成的，在当今全球化的世界体系中，美元有什么优势地位以及如何面对现在与未来的挑战？显然是我们想要回答的问题。首先我们从美国的经济讲起。

独立前的北美殖民地

今天我们生活在一个全球化的世界体系中，这一现实源于近代欧洲的复兴、发展与海外扩张。如果以1500年为起点，至今，世界上出现过两个真正意义上的全球性大国：英国和美国。它们的统治范围及其影响是全方位的，它们的实力——硬实力和软实力，也是多方面的，包括政治、经济、军事、文化、科技乃至我们今天所要关注的货币。此外，由于英美两国之间维系的"特殊纽带"关系，我们要了解当今世界经济的霸主——美国，仍然有必要追溯它在独立之前的殖民地时期，因为正是在这一时期，它是大英帝国体系的一部分。

那么大英帝国对北美殖民地的影响是什么呢？

美国独立战争始于1776年，此前，北美殖民地在英国体系中已经存在了169年（1607—1776年）。这一期间，它的整个经济建设都是在欧洲物质基础上完成的，而英国对它的影响尤为突出。就经济制度而言，下列四个方面英国对北美殖民地乃至独立后的美国的影响尤为重要：一、经济运行模式；二、生产要素；三、相对完整的部门经济的安排；四、对经济效益的评估。

一、经济运行模式。由于英国极为重视市场的作用，英属北美殖民地在发展世界贸易方面，走在了包括英国本身在内的所有欧洲国家的前面。美国独立后与英国在看待世界的方式上颇为接近，它们不仅关注世界各个地区的均势对当时世界秩序的影响，而且，世界范围的贸易和金融服务体系先后让英美两国富有起来，这些财富同样赋予它们在全球范围投放军事力量的能力，从而确保了它们支配世界体系的地位。

二、生产要素。生产要素指土地、劳动力和资本。北美殖民地与后来的美国在人口相对稀少的情况下，热衷于技术投资，以便开发它那广袤的土地资源，同时也把土地变成某种资本通过市场进行买卖。

在殖民地时期，北美人就开始注重工具的改良以及农业的科学化。美国在独立之后，特别是在19世纪的高速发展时期，更重视把高等教育与职业技术培训运用在农业与经济发展之中，成为当时世界率先服务于农业乃至整个经济发展的推动器。对此，美国经济史学者哈罗德·福克讷这样写道：在美国发展的过程中，特别是在19世纪，美国农业的科学化和机械化方面，"美国的农业发展及其地位，促使其民众对科学和教育的投入，从而带动了整个美国的交通和工业上的发明与创造。"

三、相对完整的部门经济的安排。我们知道，早在北美殖民地时期，它就不仅仅是建立在自然资源与农业基础上，它已经包括农业、渔业、采矿业，甚至部分制造业。殖民地时期末，北美开始生产几乎所有的工具，虽然最新式的工具以及高档生活用具仍需从欧洲进口，但已经具备了初步的生产基础。这无形中牢固了北美与欧洲（特别是英国）之间的经济纽带。

四、对经济效益的评估。由于当初英国把北美殖民地视为一个蕴藏无限潜力的资源产地，因此非常关心对其资源的投资和开掘，美国建国后英国也力主不失去美国市场及其资源。以后人们熟悉的"北大西洋贸易金三角"就是指英国、美国、英属加拿大（含加勒比地区）之间形成的巨大的贸易圈。

总之，我们可以这样说：早在殖民地时期，"美利坚人"就具备了只存在欧洲西北部，尤其是英国所具有的主要社会经济特征。同时期的欧洲各国移民又继续填补了美国急需的人力、资金和创新理念。正是他们奠定了独立后的美国经济基础和发展模式，并最终推动美国走上了与西欧自身发展的同步水平甚至具有独创的风格。毋庸置疑，美国自身在政治、社会条件方面，较之欧洲更充满活力且社会相对稳定。显然，美国人在独立后的一百年间建造了一个空前繁荣、稳定、自由和志在超越欧洲的"山巅之城"。这一基础源于当时的北美殖民地。

独立后的美国与其经济发展

美国独立后，它在政治上从来没有与欧洲乃至英国脱离过。经济、文化乃至民众之间的割裂是难以想象的。因此，我们不能低估英国和欧洲在美国经济复苏、在美国经济发展乃至美国崛起过程中的巨大作用。

从时间上讲，美国最终与欧洲强国在经济上平起平坐甚至超越欧洲，一共历经了三个阶段。

第一个阶段就是我们大家熟悉的早期的"西进运动"，18世纪末到19世纪30年代。它为美国提供了充足的土地、资源和吸引外资的条件，这是发展经济的核心要素。任何欧洲国家都不能与美国相比。同时，美国向西扩张缓解了东部的社会和经济压力。再有一点我们不能忽视的就是，美国在发展早期，对交通工具和技术提出了强烈要求。从某种意义上讲，美国成为世界上最大的农产品生产国，出色地完成了农业的专门化和商业化，并且开启了真正意义上农业科学化和耕作的机械化。

第二阶段就是从1815年到美国内战的结束。这一阶段我们暂且称之为从家庭（或小作坊）到工业化的转变，其中1860—1865年期间所发生的"南北战争"进一步推动了美国本土的工业革命转型。

第三个阶段就是我们说的美国内战之后，从1865年到1900年这一时期。虽然农业仍是美国财富的主要源泉，但到19世纪末的1890年的时候，美国的制造业开始首次超过农业的产值。其间，大量的国外投资继续流入美国，而且国内也积极鼓励工业发明。这一时期，"创新"成为当时美国社会最流行而且深受法规保护的活动。自1865年，美国在科学发明方面进入一个我们可称之为"飞跃式"的创造时期：卧铺车、人造冰、双面印刷、空气制动闸、吸尘器、电影、有轨电车甚至电影胶片，等等，都产生于美国。

在探讨美国经济尤其是早期经济的时候，我们不能忽视一个杰出的理财高手，那就是亚历山大·汉密尔顿。在美国独立后的百废待兴时刻，他率先提出"货币金融体系"五大支柱理念：一、统一美国的国债市场；二、确立美国中央银行主导的银行体系；三、统一的铸币体系；四、以关税和消费税为主体的税收体系；五、以鼓励制造业为主导的金融贸易政策。最引人注目的是，汉密尔顿自始至终从整体国家信用角度来设计上述五大政策和制度安排。他认为："一个国家的信用必须是一个完美的整体。每个部门之间必须有着最精巧的配合与协调，就像一棵枝繁叶茂的参天大树一样，一条树根受到伤害，整棵大树将衰败、枯萎。"虽然后人对汉密尔顿本人的风格与治国理念有争议，但汉密尔顿对美国财政、金融、税收制度的影响是不言而喻的。

当然，任何巨大的生产转换为利润和继续的进步都离不开交流和交换，这就是我们所说的商业与贸易。由于美国诞生于欧洲体系，并且与当时欧洲支配的世界贸易体系密切联系，这意味着美国要把它的产品输出世界各地，那就是美洲、加勒比地区、欧洲乃至远东，到19世纪和20世之交，美国已经不再被视为农业和资源输出地区，而是一个蓄势待发的新兴国家和逐步为欧洲接受的发达国家，这一进程大约是100年。到20世纪初，美国的生产总量估计将在1926年取代欧洲，但由于"一战"的爆发，这一时期出现在1919年。换句话说，美国完成取代欧洲的地位，整整用了100年。

综上所述，美国跃居世界强国，固有美国人的智慧、努力及其开放与相对包容的社会制度所发挥的作用。但是，欧洲人尤其是英国人的贡献与影响是毋庸置疑的。诚如美国早期政治家约翰·杰伊所言，美国的独立将使"整个世界对美国开放，同时美国可以自由地自愿地进口我们所需求的东西，同时出口剩余的商品，并且在现存国际贸易体系下，禁止所有限制贸易的法规"。后来的实践表明，美国的政治精英们十分清楚，健康的国际贸易、良好的信贷机制以及以硬通货为基础的货币具有的力量。同时大西洋彼岸的英国人和欧洲人也坚持认为，"美洲人（含加勒比地区）不能没有欧洲，欧洲也不能没有美国"。

这样的发展到了"一战"结束时，美国的工业总产量不仅超越整个欧洲，而且成为欧洲最大的债权国。那么，这个当年的"欧洲之子"会如何对待欧洲呢？这是我们在下一节所要继续探讨的问题。

从"踌躇"的欧洲债主到主动的保护者

美国是如何从远离欧洲战争步步走入"一战"的

1914年8月第一次世界大战爆发，众所周知，最初这场战争被称为欧洲战争，其原因是什么？交战的双方主要是欧洲国家及其在海外的殖民地——非洲、中东和亚太地区。然而，已经成为世界上最大的工业国和欧洲最大的经贸伙伴的美国是难以独善其身的。历史上，美国与欧洲国家维系着不同程度的联系。尽管独立后的美国曾多次试图远离欧洲的政治，但是发现很难保持"中立"。

首先，在当时美国的9300万人口中，有1/3多的公民是欧洲移民的后代，其中大多数来自欧洲交战国或与交战国有联系的国家或地区。因此，在情感上难以割舍。

其次，美国拥有的实力，包括它庞大而技术完善的航运业，不可避免地成为欧洲各交战国迫切需要的对象，尤其是战略资源和贷款。

就美国而言，它最终走入这场战争的原因如下：

经济上，刚刚走出经济低迷的美国及其民众热切希望能够有一个繁荣、稳定的生活状态和越来越好的生活品质。此时欧洲国家间的冲突无疑为美国国内企业提供了能够充分开工、扩大就业的机会。尽管社会心理和政治文化因素也很重要，但美国必须抓住欧洲战争的机会来维系其经济发展和就业，因为它的经济复苏与持续繁荣取决于欧洲国家的物资需求，这其中包括美国生产的粮食、原材料以及军工制品。

战略上，欧洲各国都明白，谁能控制与美国的贸易，谁就能够拥有进行战争所需要的必要资源；谁能吸收美国的贷款，谁就能够获取物资上的绝对优势；谁能左右美国舆论，谁就能够占据人心和道义上的高地。谁能做到上述三点，谁就能够最后赢得这场战争。毋庸置疑，当战争结束时，美国自然成为欧洲的真正"债主"。

欧洲债务产生的原因与美国的对策

1918年12月，当美国总统威尔逊率领的美国代表团抵达法国时，所感受到的欢迎盛况足以表明：美国的实力与声望让整个欧洲显得渺小，一向低调的威尔逊骄傲地宣称，美国拥有世界金融领袖的地位，占据着世界主要工业品产量的头把交椅，而且处在科技创新的前沿地位。的确，当时有17个欧洲国家同时欠下了美国约124亿美元的债务。

原因很简单，那就是欧洲交战各国需要钱进行战争，战争本身是极为昂贵的。美国企业和银行对欧洲国家提供贷款。由于多方面的原因，包括公共宣传、海上封锁以及通信监管，英法等协约国在1917年就已经从美国那里得到贷款23亿美元，而德国及其盟国只有不足3000万美元的贷款。战争结束时，英法意三国虽然是战胜国，但它们欠美国的债务高达90亿美元。而且本金加利息一共需偿还62年。如果要缔造一个新的国际秩序，美国必须积极参与。

然而，摆在美国政府面前的挑战是如何处理好战后国际秩序的重建，其中包括：如何把昔日帝国中独立出来的欧洲国家平稳地纳入世界新秩序？当时欧洲的美国盟友坚持要求美国应该免去战争时期的借款以及提供的物资援助，理由很简单，因为作为盟国，它们的战争目标是一致的。如果美国接受它们的建议的话，这些欧洲国家同意可以不去追究德国的战争赔款。否则，德国必须以战败国的身份承担全部的战争赔款。

然而，此时的美国民众产生了回归本国事务的强烈愿望，他们不愿意继续承担海外地区的政治责任，包括重建欧洲的政治秩序。但是美国必须继续维持与海外的经济关系，特别是要保证欧洲市场对美国的过剩产品继续开放。况且，美国必须竭力讨回欧洲所欠的债务，用美国人的话说"战时租赁的东西都要付费的"，那是美国人的纳税钱。

实际上，用"踌躇"这个词形容美国的战后国际表现是不准确的。如果说历史上当美国缺少相应的能力投放欧洲的时候，它往往表现出所谓的踌躇不决。然而，在其近邻拉丁美洲，美国的行为可以说是近乎肆无忌惮。在"一战"结束的时候，面对复杂莫测的欧洲局势，美国出于相互依赖的经济利益、传统的人文情怀及思想上的认同，常常采取一种积极中带有谨慎的态度。

"一战"后，美国与欧洲国家的交往不仅存在于朴素的人文情怀和地缘安全，而且明显地表现在经济上的相互依存。换言之，美国政府与利益集团在战后必须关注欧洲，如何能够有效地追回欧洲国家对美国欠下的巨额债务。因此出现了人们戏称的"三角债务"：德国如何承担它的战争赔款？欧洲国家如何偿还美国的战时债务？美国又如何通过扶植德国才能追回它在战时对欧洲国家提供的贷款？

简言之，英法等国对美国的规劝无济于事后，便坚持德国必须承担战争赔款，而德国不满《凡尔赛条约》的规定，认为他们是被欺骗的。

1924年，美国总统柯立芝派道维斯等人前往欧洲协商，结果是"道维斯计划"出台。什么是"道维斯计划"？简单地讲，就是道维斯制订一个帮助德国赔款的计划，该计划在两个方面帮助德国：

一、减少德国的赔款数额，最后战胜国不得不同意。

二、美国直接贷款给德国来全面恢复生产能力。此外，德国同意赔偿欧洲国家的战争损失。美国再从德国的赔款中每年得到2.25%的份额，约合2.2亿美元。美国正是通过"道维斯计划"和1929年出台的"杨格计划"向德国提供20亿美元的贷款，德国通过生产支付欧洲战胜国的45亿美元赔款，然后美国从45亿美元中回收23亿美元的战时贷款。可见，美国金融实力与政治能量让欧洲国家显得非常渺小。

通常，"一战"后的美国被人们误认为转入了"孤立主义"。其实，这是华盛顿任何一届政府根本做不到的。

一、无论哪一个国家拥有了全球一流的实力和影响之后，都很难再次退回普通国家的角色。美国也不例外。

二、美国没有能够如各国期待的那样加入国联，根本的理由是出于国内党政之争，而非外交战略分歧。

三、1921年与德国结束战争状态后，美国主要集中去追究欧洲国家所欠的债务。转年，美国组建战时外债管理委员会，其主要目的是根据各债务国的偿还能力达成一些协议。当时欧洲的30个独立国家中，有17个国家欠下美国共计103亿美元的贷款。20年代的三位美国总统哈定、柯立芝及胡佛均没有也不可能漠视欧洲局势，只是鉴于前总统威尔逊的悲哀结局以及国内出现的普遍迷茫，因此每届美国政府主张在处理外交事务时秉承国内优先的政策：以何种形式加入国联并不重要，关键是为美元霸权奠定基础。

当然，美元霸权的建立绝非一帆风顺。在国际事务中，政治与经济更是难以割裂的。在经济大萧条及其债务链断裂后,全球性的经济危机爆发。这场长达四年的全球经济大萧条开始出现转机的时候,亚洲和欧洲相继出现了两个战争策源地:日本和德国。这样,"一战"之后的20年间,通常被称为"20年的危机",在这期间,世界再次步步陷入另一场世界大战。五年后,在德日法西斯相继战败的前夕,战胜国中的主要国家相聚美国的布雷顿森林,探讨如何构建战后国际货币体系。

"布雷顿森林体系"与美元霸权的兴衰

上一节，我们聊到美国在"一战"中如何把势力与影响扩展到欧洲，其中一个最明显的标志就是美国成了欧洲的"债主"，但是由于美国国内的原因，战后的美国并不愿意承担过多的欧洲政治与安全责任。因此美国在赢得欧洲的战争之后，并没有能够维系一个长久的和平。在经过20年的困惑、迷茫与危机之后，欧洲再次爆发战争，而且不久演变成为更大规模的世界战争。这就是我们通常所说的"二十年的休战"。

当"二战"接近尾声的时候，美国在四大战胜国中（美国、苏联、英国与中国）是最强大与最有科技能量的，经济上、军事上，整体方面都是最强大的。这时的美国考虑的是如何构建战后的世界秩序，这个战后秩序必须是一个符合美国的普世理念、核心利益以及保持它霸权地位的国际秩序。

大家知道，战后的国际秩序是建立在两大支柱上的，政治上是以联合国为基石的集体安全机制，虽然美国在其中的影响是最大的，甚至把联合国的总部设在美国，但联合国毕竟还是接受并实行的是五国相等的否决权，就是我们今天所说的安理会的五大常任理事国享有平等的否决权利。

然而，经济上，美国坚持以美元为基石作为战后国际货币体系的基础，因此建立了美国的霸权，实际上"美元霸权"这个概念是以"布雷顿森林体系"为基石的战后国际货币体系。"美元霸权"是欧洲人，尤其是法国人对美国的不满与讽刺。我个人更加接受的是美国学者巴里·艾森格林所使用的概念："嚣张的霸权"。

为什么要建立美国支配的战后经济霸权？

但凡熟悉国际关系的人都知道，国际关系是一种在无政府状态下由主权国家之间进行的互动；而且他们不承认任何超越主权国家的权力中心。那么为什么各国需要接受一种相对认同的固定货币呢？这是因为在国际体系中，国家之间要进行贸易、要对外投资以及各种跨境的支付。在这样的情况下，各国需要有一定的稳定的秩序或者是安排。换言之，任何从事贸易的商人、投资者或旅游者都需要知道一定程度的货币交换比率，如果变化太不稳定，他们也就无法进行正常的交易。

在国际交往中，人们把一定货币之间的价值互换比率的可预期性作为一种公认的保证。很简单，货币不要贬低得太快或者上涨太快，以致自己的正常的交往受到损失。再简单地讲，那就是今天任何有美元、比索、欧元、人民币的人，都希望自己的货币在国际交往中有一定的所期待的稳定性和价值。

为什么要产生这种期待？历史上，随着资本主义在全球范围的扩张和世界贸易体系的建立，一些国家曾经试图提供某种全球认可的"公共产品"。例如，在19世纪末到"一战"前夕的1914年，曾经出现"金本位制度（Gold Standard）"。这一制度简单地讲，就是把国家货币与黄金挂钩，以保持货币的稳定。

在这期间，也就是1870—1914年期间，欧洲的主要强国：英国、法国、德国以及众多的欧洲其他国家，它们在密切的交往中接受并奉行着"金本位制度"的稳定性。虽然其他国家加入也可能不太情愿，例如中国不得不放弃银圆制度、墨西哥也不得不放弃白银制度，但是大部分国家还是接受这一规定的。

然而就在这个时候，正在迅速崛起的美国对"金本位制度"提出了不满，1896年美国总统大选，首次把"金本位制度"，把贸易问题、货币问题列入本国的政治议题。为了扩大美国的农产品出口，美国人认为，欧洲人把价格压得过低。但是当时毕竟美国的影响还有限，各国并没有把美国的反对之声看成一种国际的共识。

到1914年，第一次世界大战爆发的时候，美国为欧洲的交战国提供了大量的贷款，进行了大量的贸易，然后欧洲大量的资金、黄金流入美国。因此在1916年的时候，美元开始与英镑接轨，它的财富遽增。实际上，根据美国经济学家巴里·艾森格林（Barry Eichengreen）的观点，美元在这个时期已经逐渐取代英镑，成为国际的主要货币。只不过是因为"一战"之后，欧洲各国关注的是欧洲秩序的重建以及随后爆发的经济大萧条，这种动荡的局面使人们没有注意到美元正在潜移默化地逐渐取代英镑这一事实。

那么到了"二战"结束的时候，美国已经独自做大。它执意要建立一个以美元为中心的国际货币体系。当然这也是不言而喻的，毕竟国家的总体经济实力起着决定性的作用。

为什么是"布雷顿森林体系"？

"布雷顿森林体系"（Bretton Woods Monetary System）就是在1944年"二战"将结束的时候，有40多个国家在美国的避暑山庄——布雷顿森林召开了一个如何构建战后货币秩序的原则与框架的国际会议。"布雷顿森林体系"的核心内容可以概括为四点或者六点，我比较接受四点的这个说法：

一、战后美元与黄金挂钩。各国确认，从1944年1月开始，美国规定35美元为一盎司的黄金官价，在国际金融市场维持这一黄金官价。这里的官价是一种国际共识。

二、其他国家的货币与美元挂钩。其他国家的政府规定的各自的货币的含金量的比例要同美元的汇率相适应。

三、实行可调整的固定汇率。在当时签订的《国际货币基金协定》中规定，各国货币对美元的汇率，一般要在所谓法定汇率上下各1%的浮动之内，可以看出美元的地位是确立的。

四、各国货币的兑换性与国际支付结算原则要根据上述三个原则而定。为了确保有足够的货币供应，随后成立了国际货币基金组织以及世界银行——一个是提供足够的外汇储备和发展基金，另外一个是如何在技术上调整各国之间比价的汇率。

在这样一种情况下，我们应该注意两点：

第一点，历史上，英镑从1916年开始就已经与美元挂钩，但是"一战"胜利的时候，英国在世界金融界的影响依然是很大的，所以英镑的地位仍存。在1944年的时候，经济学家凯恩斯曾试图说服美国接受英美货币平等地位，但这一建议遭到美国的拒绝。美国代表怀特坚持认为，首先，美国是战后第一大经济体，控制全球23%的黄金储备，英国难以追求平等；其次，英国坚持的"帝国特惠制"与苏联的国家贸易制度有相似之处，这是对美国自由贸易原则的挑战，因此被拒绝。

第二点，就是美国政治家吸取了第一次世界大战的教训，那就是"二战"后的战败国德国必须纳入以美国为支配地位的世界经济体系。在美国经济独自做大的情况下，开放的世界经济无损于美国，而且还能够对抗苏联的所谓的威胁，那就是非共产党国家愿意在安全、经济等领域与美国合作，在力量不对等的情况下，这些国家只能依附美国。

除此之外，美国在战后1948年开始对欧洲实行"马歇尔计划"，就是以美国当时的国务卿马歇尔命名的一个欧洲复兴计划，重建欧洲。为什么重建欧洲？让欧洲在经济上恢复，才能构成对美国大量产品的购买以及形成美国金融、技术、设备等方面的出口市场。

在"马歇尔计划"启动的四年里，美国以各种方式向欧洲提供将近130多亿美元。其中90%是馈赠，10%是贷款。这样，战后的西欧以及随后的日本逐渐成为美国产品的出口市场。1948年，美国持有的黄金占全球的72%，由于它巨大的地位，美元甚至一度成为黄金。虽有夸张，但是美元的确帮助美国建立了它在战后秩序中的主导地位。相比之下，苏联的作用仅仅限于它的地缘安全、意识形态以及后来在太空技术上的一些优势。但是在国际经济体系中，苏联的影响是相当有限的。

美元的威力与战后遇到的挑战

从政治上讲，"二战"之后，美国的影响一直是巨大的，而美国从来没有放弃使用美元威胁其他国家，包括自己的盟国。其中一个简单的例子，就是1956年苏伊士运河危机事件时期，由于英法两国对美国的全球战略有不同的地方，因此美国政府决定发挥美元的优势，强迫英国接受它提出的政治上解决苏伊士运河的决定。另外一个美元的威力在"二战"后的突出表现，是1960年当世界石油出口国组织建立欧佩克的时候，它们规定美元为石油交易的唯一货币，这一决定对以后美元的地位影响非常大。

与此同时我们也应该看到，早在欧洲等地的经济开始好转的时候，它们就已经觉察到，美元的支配地位对国际经济体系来说有一定的潜在的危机。为什么呢？当国外持美元的数量超过美国本身的黄金储备的时候，就会出现"特里芬困境"。特里芬是一个比利时经济学家，他早在1947年就指出，当时美国经济实力无敌，但是一旦美国印刷美元的数量超过本国的黄金储备，美国可能进行美元投机。这样，美元与黄金体系就会发生崩溃。因此，美元和黄金对等是危险的。特里芬建议，根据凯恩斯的想法，提出创造一种名叫"Banco"的国际货币，但当时这一提议没有引起世界其他国家的重视，因为这种可能性只是学者的一种设想。

1960年的时候，特里芬以美国教授的身份再次提出警告，并在他的著作《黄金与美元危机》中指出，"布雷顿森林体系"以一国货币作为主要国际储备货币，在黄金生产停滞的情况下，国际储备的供应完全取决于美国的国际收支状况。因此这一体系本身的缺陷存在于美元既是一国货币又是世界货币——作为一国货币，美元的发行受制于美国的货币政策与黄金储备；但是作为世界货币，美元的供给又必须适应于国际贸易与世界经济增长的需要。黄金储量与美国黄金储备量增长跟不上整体世界经济发展的需要，美元供应的不断增长又会导致美元与黄金的兑换难以维持，美元的这种两难困境被人们称为"特里芬困境"。他指出，当美元出现危机时，国际货币体系必然产生不稳定。

1964年，美元地位开始受到挑战。这一挑战主要来自法国。当时法国经济学家、戴高乐总统的经济顾问雅克·吕埃夫指出："美元在该体系中并非赚些小钱，它可是允许美国以印刷美元的方式购买其他国家辛苦产生的商品和劳务，然后将其转化为美国人在海外的投资，维持世界资本家的地位。"

中国学者丁一凡和钮文新的解释更有意思，在《美元霸权》这本书中，他们戏弄美国人可以随意利用美元的汇率得到好处。书中是这样写的："当一个美国人以10万美元换成人民币的时候，此时的汇率是1∶6.5，那么他就拥有65万元人民币。他在中国旅游，购买挥霍一年之后，还剩下50万元人民币，此时中国人民币的汇率与美元的汇率假如是1∶5的话，那么他的50万元人民币还可以兑换为10万美元。这样，那就是一个美国人或者一些美国人或者是全部美国人，他们在中国挥霍一年人民币之后，他们仍然可以拿到一年前同样的美元。"当然这是一个笑话，但是向我们透露的一个信息是，美国人可以随意利用美元的汇率来为本国谋求好处。

然而美国并不这样看。到了20世纪60年代，美元地位开始松动，1971年的确出现了战后美元第一次危机，此时正是美国的尼克松政府时期。尼克松提出新经济政策，他主张终结"布雷顿森林体系"的支配地位。理由主要有以下几点：

一、他认为战后美国承担的负担过重，因此美国应该让其他盟国分担一些责任。

二、"布雷顿森林体系"本身对美国一些经济政策也有影响。这一点比较好理解，因为当美元占据支配地位的时候，它不能过多印刷货币。

三、美国此时的一些战后盟友纷纷恢复了经济，因此它们被要求承担美国在世界经济政治中，包括金融领域方面更多的责任。

从1973年开始，美国宣布美元贬值10%，接受各国货币不再与美元维持固定比价而实行浮动汇率，从此"二战"之后建立的以美元为中心的固定汇率制度也就成为了历史。目前世界大多数国家实行的都是我们通常所熟悉的浮动汇率。

那么我们能不能就此认为，1973年之后，美元的地位开始下跌呢？这一点有不同的看法。我们首先得承认，目前，国际货币体系仍然基于"布雷顿森林体系"的框架。原因有，第一，各国对自己黄金储备的要求并没有下降；第二，各国在国际贸易、对外投资以及过境支付的时候并没有完全放弃美元；第三，我们必须承认美国的经济实力还是世界上最强大的。那么，新的货币能否取代它还需要大家的认同与认可。美元在各国国际储备中至今仍然高居70%—80%。艾森格林认为，美元地位没有丧失。其中一个主要原因就是美元的信誉一直比较好。而美元跟石油挂钩，这一点更决定了美元地位的稳固。

那么，"布雷顿森林体系"的瓦解对目前全球化经济的不确定性有哪些值得注意的启示？

一、国际体系中主导国要确保其经济体系处于健康状态。当年，大英帝国试图与美国平起平坐，但是怀特方案击败了凯恩斯的建议，主要原因就是美国经济更健康、更强势。"二战"之后，随着欧洲和日本的经济复苏，它们也在一定程度上开始挑战美国的霸权地位。正如美国学者尼尔·福克森指出的那样，美国必须恢复并且继续保持它那曾经优质的制造业的地位。今天，美国的创造力和高科技仍然是世界一流的，但是他们本土的制造业受到很大的误导，因此美国人在追求海外投资并把一些低端的产业迁移海外的时候，导致了美国的中下层得不到美国经济发展的好处，因此让消费者负债很多。这才是美国衰败的根源之一。

二、当今的支配性大国应该懂得如何谨慎地行使它手中的货币特权。当初，美元的地位一度使美国拥有制造世界上流通货币的特权并且影响他国的政治、金融、货币，等等。但是美国滥用特权极大地削弱了其他国家对美国的信任，甚至导致人们寻求一种替代品。这一点美国应该从自身的对外政策中得到教训，而不是指责其他国家。

三、主导大国美国应该竭力维系战后多边主义的承诺。一个体系能否稳定，取决于它是否支持多边主义。虽然"布雷顿森林体系"建立于70多年前，但它仍然是多边合作的产物，而且允许许多国家主动参与。

由此，艾森格林明确指出了美元重振的途径：正确认识全球化导致的多极化；提升美国整体经济的健康发展而非仅仅依靠浮动美元的汇率；健全的税制和社会福利。这才是美国得以维系美元地位的重要因素。

面对滞胀，"里根经济学"开出的是良方还是毒药？

里根入主白宫与"新自由主义"经济政策

为什么在20世纪80年代会出现里根经济政策或者说我们通常所理解的"里根经济学"？

20世纪70年代，随着"布雷顿森林体系"的解体，国际政治与经济也在发生巨变。不仅是美苏、美中和第三世界国家间的相互关系正在发生变化，整个世界经济也出现了不少问题。其中一个重要表现就是1973年出现的石油危机，工业化国家从此进入了一个明显的衰退时期，衰退时期的主要表现就是高失业率和高通货膨胀率。进入80年代之后，各国采取紧缩政策，通过削减政府开支、减少工资来控制通货膨胀。这是全球范围的危机，发展中国家也不例外。在这一背景下，里根在1981年出任美国第40任总统，他所奉行的政策符合当时美国的状况和在世界的地位。

里根作为美国历史人物，留下的政治遗产不少，其中包括人们熟知的"里根主义"和"里根经济学"。前者是指美国要在全球范围对抗苏联的扩张、各地的共产主义的扩张；以及解决国内的大政府和大劳工（福利政策）问题，后者即"里根经济学"。所谓"里根经济学"（Reaganomics）是一个媒体或调侃的概念，其实质是"新自由主义"和"货币主义"等经济学说的混合体。它主张抛弃凯恩斯主义所提倡的"扩大政府开支、实行财政赤字、刺激经济以维持繁荣"，或者说，国家通过采用不断扩大生产的经济政策，增加需求促进经济增长。相反，新自由主义经济学强调"放任式的开放市场与自我调节"，这一理论的代言人是保罗·沃尔克，一位代表东部保守权势集团的美联储主席。

理论上，里根推动他倡导的经济政策，或者说里根经济政策所依靠的理论学派之一的"供应学派"此时得势的原因是：

一、20世纪70年代后期，欧洲、美国等发达国家普遍出现经济萧条，标志着凯恩斯需求理论的失败。

二、"供应学派"鼓吹减税经济政策，正好顺应里根相信的低税收的理念，里根政府主要的经济发展原则就是根据"供应学派"的减税政策来对付当时的经济停滞，以控制货币供应量来对付通货膨胀。

1981年初，里根向美国国会提出"经济复兴计划"，这一计划实际上就是两种经济学派的观点相结合的产物。主要的内容是：

一、削减财政开支，特别是社会福利开支，以减少政府的财政赤字。到了1984年，美国的确实现了少有的收支平衡，但是一定要注意，在里根政府时期，美国的军费开支没有减少过，可见里根政府代表的是国内保守主义与军工复合体的根本利益。

二、大规模减税，三年内减少个人所得税，并且给企业以税收优惠。但实际上富人的减税程度是最低的。但是百姓们并没有进行一个对比，他们只满足于自己所交所得税的减少。实际上相比之下，富人通过减税比普通人得到的实惠多得多。

三、放松政府对企业规章制度的限制，减少国家对企业的干预。这是完全不同于凯恩斯主义的经济思想。

四、严格控制货币供应量。这表面上稳定了货币政策，抑制了通货膨胀。实际上，中下层的工薪阶层并没有获得太多实惠，工资也没有增长。

但是，毕竟在这样的一种情况下，在里根政府执政时期，特别是后期，美国经济形势出现了一定的好转。有的西方经济学者把这归功于里根实行的经济政策，故提出所谓的"里根经济学"。然而，有些经济学家则认为，这是美国经济长时间萧条后必然回升的结果，里根政府推行的一些措施开始于上届卡特政府，他却得到了结果。

不管怎么说，从20世纪80年代到21世纪初，美国出现了近18年的战后最长和最繁荣时期，让人们看到了一种希望。然而，国际关系学者更能够统观全球，解读美国的经济复苏得益于此时发生的一系列变化：苏联的解体、中国实行改革开放、全球化的潮流。换言之，"里根经济学"是被神化的，假如没有庞大而强大的美国实体产业和新高科技的支撑，很难出现美国经济的超长繁荣这一现象。

此外，一些政治学家认为，"里根经济学"及美国这一长时期繁荣能够让如此多的人接受，与美国在越南战争的阴影下生活压抑有关。里根擅长使用简明的表述来解读复杂的经济理论、用他那富有煽情的演讲去鼓动民众。例如，"在这场危机中，政府不是解决方案，政府就是问题所在""政府干预不可取、政府预算不可超规模，民众反感通货膨胀、反对企业垄断，给予市场更多的自由空间才有利于化解滞胀风险"等。在很大程度上，他的一些演讲和说辞能够抓住美国中下层的心理，特别是美国人反对大政府预算的传统心态。

经济全球化及美元霸权的前景和困境

在这一情形下，里根政府对以后的美元霸权有什么影响？

进入21世纪后，人们对美元能否继续保持其国际主要角色充满忧虑。不可否认，统一的德国、高科技发达的日本、复兴的欧洲以及金砖国家，尤其是中国的崛起，已经削弱了美国在世界经济体系的主导地位。尤其是在股票、国外直接投资、国库券等方面，美国已经不再占有大多数份额。

鉴于此，为什么大多数国际贸易的报价和结算中仍然使用美元？

多数国家央行和政府的主要外汇储备仍是美元。随着经济全球化、经济多元化和新兴国家的崛起，美元的地位虽然有所下降，但是，当年的联邦德国、日本等国在经济强势的时候也曾经对美元进行挑战，但一来国家整体实力不足，二来它们是美国的政治盟友，美国在为它们提供安全保障，因此它们无力过多挑战美国。

但是中国的情况有所不同。今天的中国是美国最大的债权国，同时又不是美国的盟友。那么中国能否挑战美元的霸权地位呢？这种可能性也不是很大。为什么？

一、世界上有很少国家愿意主动放弃美元进行交易，美元享有的"在位优势"难以被动摇。

二、过去的几十年间，从盟友到对手乃至敌对国家都在探讨放弃美元为唯一的国际货币，可是至今尚未找到可行的替代物。相反，各国储存美元作为外汇储备的数量仍然巨大。

三、美国仍是最大的经济体，而且有高科技的支撑。在亚洲，曾经出现过几个国家联合提出所谓的亚洲货币基金。1997年之后，亚洲的经济危机对东亚的影响很大，日本率先提出成立亚洲货币基金，主导日本和中国去合作，但是被美国和IMF否决。今天的中日韩三国仍在为加强货币合作而努力，可是我们必须看到，鉴于中日韩三国的安全考虑和不同的战略任务，三国之间的相互猜忌很大。因此，三国合作前景并不被人们看好。

美元在世界的地位的前景为人们所关心，这一点毋庸置疑。美国经济学家艾森格林曾经指出："稳定是任何一种货币被广泛用于国际交易的必要条件。"正是由于美元的不稳定性，人们才对其国际作用提出了质疑，而且试图寻求新的货币来取代。

然而，能够成为取代美元的国际货币目前只有三种。

第一种是欧元。但相比之下，欧元是一个没有国家的货币，甚至可以说，没有哪个成员国政府愿意承担风险责任。因此，欧元没有强有力的执行机构予以支撑。

第二种是日元。日本经济规模较大，也有与中国接近的外汇储备，但日本政府十分踌躇甚至不鼓励本国在国际政治中充当任何角色，因为日本并不想在国际货币体系中挑战美国。一方面，它会破坏日本现有的竞争汇率；另一方面，在政治上日本相对比较脆弱。

第三种是金砖国家成员国的货币，他们有没有挑战美元的可能性呢？首先，在金砖国家的组合中，除了中国之外，其他的每个成员国的经济总量规模都很小。

那么中国是否有可能挑战美元的霸权地位呢？我们也得承认，中国的困难也是显而易见的。

一、中国所持美元太多，在一定程度上是一种负担，如果美元迅速贬值，中国损失也很大。如果中国抛售美元，由于中国拥有的美元量太大，随后所导致的也是美元的贬值，结果还是中国在经济上损失巨大。

二、由于很多历史原因和客观原因，中国目前在国际舞台上的政治信誉还有待提高，中国货币能否成为国际主要货币还有待世界各国对中国经济与政治改革的观察。

当然，中国现在努力在双边贸易中使用两国货币进行结算，但是数量相对还是比较小的，实际上中国仍然使用着大量的美元。

综上所述，尽管美国的经济有下降的趋势，但是美元的主导地位仍被看好。这里的原因，诚如美国学者尼尔·弗格森（Niall Ferguson）所说的那样：

一、美国仍为世界第一大经济实体，美国的生产率也很高。美国虽然在把一些低端的产业输出其他国家，但是在中高档尤其是高科技领域，美国的实力仍然在世界上是第一的。

二、尽管中国的经济总量接近于美国，但是人民币与美元的汇率相对还是比较小的，因此在总量上也无法取代美元。

三、我们必须承认，在金融业务能力与国际经济的经验方面，中国有待于进一步提高。虽然现在某些亚洲国家比较看好中国的货币，但是在整个的世界经济体系中，这个规模还是比较小的。

美元的前景如何？这将取决于我们怎么看待美国的经济实力。单从债务上看，2007年美国实际债务是53万亿美元，而全球的GDP是54亿万美元。作为资不抵债的国家，美国实际上是破产的国家。但为什么不能让它破产？因为美国欠许多国家的债务，一旦美国宣布破产，持美元债务的国家也会因美国的破产而蒙受巨大的损失。鉴于此，随着美国，尤其是美元霸权地位的下降，今后多种货币并存的可能性还是有的。

如果从国际关系的视角来看待当今的美国地位以及美元仍为主要国际货币这一事实，美元是否已经气数已尽？回答应该是否定的。可以说，美元的支配地位虽然不复存在，但是美国的角色在近期仍难以被其他国家所取代。美国曾经具有的独一无二的高质量的金融资本发放和分销能力犹在。

无论是经济学家还是政治学者都明确地指出，美国要想继续维系以美元为支配的国际秩序，必须重整它自己的经济体系，重振实体经济，加强与世界各国的合作。同样重要的是，它在继续坚持多边主义合作的同时，应该学会尊重新兴国家的核心利益。回顾美国的成长进程，它也同样是得益于与之并存和发展的国际体系。这个体系不应该排斥任何国家。包括新兴国家与非西方国家。毕竟在全球化的经济体系中，相互尊重、相互合作才是维系全球发展的基石。

日本：战后崛起与失去的二十年

于 杰

上海金融与法律研究院研究员

上海金融与法律研究院研究员,《时运变迁》《管理美元》和《通胀螺旋》《日本经济奇迹的终结》译者于杰将从日本战后经济崛起的历史角度探讨引发1985年广场会议的根本诱因;另外,讲述广场会议召开的过程,这一部分可以帮助大家了解目前传言的负责时下美方贸易谈判的莱特希泽同广场协议到底有没有关系;最后,讲一讲日本20世纪90年代开始的经济不景气,也被称为失去的二十年,是不是广场协议造成的。希望这个前因、过程和后果的系统性讲述,能帮助大家更好地了解那段历史、分析当下的中美经贸关系和中国经济。

战后日本经济崛起的原因

促成日本战后恢复及其经济奇迹的因素很多，但有两个原因是决定性的，第一是美国对其开放市场，并把日本拖进了美国战后主导的国际经济体系；第二是日本国内的体制因素，尤其是通产省主导的各种产业政策的作用。

1945年8月日本刚投降时，其国内经济遭受战争重创，国民生产总值占1934—1936年（全面侵华前）的一半左右，工业生产则只有同时期的1/10左右；通胀严重，民生艰难。麦克阿瑟在1945年9月刚刚接手日本时，美国官方给他的指示是，"不承担恢复和繁荣日本经济的责任"。就是说，美国在战后初期不希望日本经济形势继续恶化下去，但也没考虑如何让其繁荣。

这同当时的国际环境有关系，当时包括中国在内的盟国都在考虑如何让日本赔偿、处理战犯，在经济上的主流看法是，不能让日本再强大了。盟国方面当时正着手拆卸机器来抵战争赔款；同时还在考虑如何分拆日本财阀。普遍认为，财阀是日本军国主义、国家资本主义的经济基础，为了消除这种体制隐患，需要将这些大企业财团社会化。

但这种形势在1948年陡然转向，随着中国国内战争形势的变化和冷战的开局，美国担心日本落入苏联为首的社会主义阵营，因此对日本的态度明显变化，尤其是在经济上。在美国官方看来，通过美国的努力使得日本经济向好，将是日本留在美国阵营最大的筹码。也就是从这个时候起，美国对于日本战争赔偿、分拆财阀的工作，草草收场。以计划分拆的财阀为例，最初考虑的是56个家族的十大财阀共325个企业，到1948年底分拆名单上只剩下19家企业。

对于美国战后在欧洲和亚洲的经济援助，比较普遍的说法是，欧洲有马歇尔计划，日本有道奇方案。就道奇方案来说，对日本的作用有两个，一个是财政平衡措施抑制了日本的通货膨胀，但很快又陷入通缩，这让美国和日本人均意识到，单靠日本自身，难以实现经济复兴；道奇方案的另一个举措就是1949年4月确立的1美元∶360日元的汇率，这一汇率水平持续了22年之久，直至1971年"布雷顿森林体系"崩溃，这对日本经济的奇迹居功至伟，很大程度上也影响了日本决策当局对汇率的政策依赖，即低估日元、鼓励出口，这对后来的广场协议也有影响。道奇在当时这样评价日本经济：日本还未能证明有能力在竞争日趋激烈的国际市场靠正常出口得以生存，即稳定国际收支，从战后重建向高速发展转型。

道奇说得很客观。后续的朝鲜战争对日本的经济有拉动作用，但这种脉冲式的经济增长没有持续性，朝鲜战争一结束，日本经济又出现停滞。美国1950—1952年在日本军费开支22亿美元，弥补了日本在这三年间产生的贸易逆差15亿美元。但对一个经济体来说，这种体外输血断不是长久之策。美国的这种支持也不可能持久。这一点，美国和日本的决策者都看到了。

对于如何帮助日本经济从自立走向繁荣，美国方面经过几年摸索得出的结论是，只有一个办法，即让包括美国在内的西方国家向日本开放市场。日本要在经济上加入西方的圈子，日本自身发挥不了什么作用。除了战败国、战争赔偿等一系列问题之外，日本在20世纪30年代的贸易倾销历史让包括英国在内的西方国家心生反感；另外英国在当时仍然坚持其倡导的帝国特惠制、努力维持着历史帝国的脸面，因此在日本加入西方世界的问题上，一直不接受美国的建议。

1949年，美国在法国安纳西关贸总协定（GATT）会议上首次正式提出，建议GATT签约国给予日本最惠国待遇，这一提议是美国在国际上明确宣布其在经济问题上对日本态度的转向，但遭到包括英国在内的其他国家的反对，后者要求日本加入的条件必须完全平等，不能特殊对待。英国等国的要求完全可以理解，因为战后除了美国之外，所有的西方经济体都非常倚重贸易，担心在贸易上有损失，即出现逆差。1950年，美国国务卿顾问也是美国冷战战略的重要参与者杜勒斯在国内外呼吁，给予日本国际贸易的最惠国待遇和国民待遇。

其后，虽然有英国在内不少国家的反对，美国在争取日本加入关贸总协定（GATT）一事上可谓不遗余力。在美国的努力下，日本于1953年10月24日成为GATT无投票权的签约方身份。美国当时的参会团长布朗记录了这一幕："松本大使从房间中间的观察员位子上站起来，走到为他准备的（正式签约方）例行会议桌前。这一步虽小却创造了历史。"两年后，日本成为正式的签约方。也就是从这个时候起，日本开始了贸易立国的经济腾飞和奇迹阶段。

美国力促日本加入GATT，大背景是冷战。可以说，没有冷战，没有美国的坚持，日本不可能加入美国主导的西方体系，至少不会那么快。美国的考虑是，"通过开放市场、在贸易上支持日本，使得日本成为同美国一样的资本主义国家"。而美国主导的西方贸易体系，也正是从这时开始了贸易自由化进程。

美国在推动西方向日本开放市场的同时，也对日本提出了要求，最直接也是最重要的要求是，配合美国对中国实施贸易禁运，停止同中国之间的贸易往来。也是在1952年，日本和中国之间的进出口都降到1930

年以来的最低水平，近乎归零；当年美国的要求到了什么程度？日本出口美国的毛刷子，如果原料是中国的猪鬃，美国就不允许进口。而同期，美国在日本的贸易关系中的地位逐渐提升，到1960年，成为日本进出口第一大单一经济体。20世纪50年代后期，日本曾不顾美国的反对，努力恢复同中国的贸易，但效果不理想。中日两国之间的贸易发展，起于中国改革开放之后特别是20世纪90年代之后。

日本加入GATT是其经济腾飞最关键的一步，其重要性在于西方市场向其逐渐开放。在当时，西方国家间的关税并不低，美国正努力降低20世纪30年代关税法案导致的高税率，各国正在讨论降低关税和实施贸易自由化，发达国家全面逐渐降低关税还要等到20世纪60年代之后。但市场只要开放，关税对当时的日本并不是最重要的。按照行天丰雄先生在《时运变迁》里提到的，1955年他刚参加工作时第一个月的工资是20美元，当时日本年人均GDP为200美元，仅是美国的1/10；另据统计，日本纺织工人的小时工资只有美国的1/11。

劳动力成本优势，加上汇率优势，美国的相对高关税并不足虑（最高关税也只是在50%左右）。20世纪50年代，西方世界面临的是"美元荒"，就是美元不足。虽然美国国内、西方国家同期讨论的贸易政策，也强调对等（Reciprocal）问题，也是今天特朗普对中国提出的，但显然美国在对待当年的日本时并没有坚持这个原则。美国国内有不少批评声音，认为美国和日本之间签订的是不平等条约，对日本开放市场，却对日本没有提对等的要求。这也给20世纪80年代之后的贸易关系留下了摩擦的种子。

日本的产业政策，是美国市场开放之外促使日本经济腾飞的最重要条件。

有研究者认为，在20世纪60年代之前，产业政策作为日本首创和独有的概念，在其他发达国家还没有被认识。欧洲到1971年才开始注意和讨论产业政策问题；美国出现产业政策的论证则是进入20世纪80年代之后了。日本自20世纪60年代起明确"贸易立国"的方针，并配合以支持出口的产业政策，这些政策包括税收支持、金融补贴，但最重要的是进口上的严格限制。

当然，也有中国人熟悉的行政指导，这也被日本人自称为"家长式的政府指导"。对于拟保护的产业，日本有着各种限制和壁垒，美国的企业、商品少有进入的机会，对于日本必需原材料等进口品，日本甚至是免税的。日本当时最常用的限制进口理由是："日本连年逆差，没有外汇，没钱进口。"这一借口同时也成了日本限制外资的重要原因，因为外资需要把利润汇回国内，要用到外汇。但日本的官员私下里承认，就是不想让外资进来。这种限制，甚至连可口可乐这种企业也无法避免。

日本对国内产业的扶植和保护，可以说是水泼不进、针插不进。同期日本非常重视科技投入，1950—1972年，日本花费33亿美元签订了12000份技术合同。要知道日本到1970年的黄金储备也才5.3亿美元。就是在产业政策的支持下，日本的汽车工业和电子工业在20世纪50—70年代逐渐积累、发展起来。

日本的种种产业政策，得到了美国当时几届总统的默许。美国政府的这种态度，加上美国企业在20世纪70年代中后期之前对日本市场、日本企业竞争力的忽视，给了日本外向型企业快速发展的免予竞争的机会。

关于产业政策，中国国内官学界都有很多争论。日本的经济奇迹得益于产业政策，也说明产业政策有效，但因此便认为产业政策可以在各国推而广之则值得怀疑。日本产业政策成功的一个重要条件是，美国向其开放市场，且美国同期内没有对等的产业政策，也没有对日本的产业政策提出质疑。实质上，日本的做法就如同长时间压低日元汇率获得竞争优势一样，产业政策也是典型的以邻为壑的做法，制造了不公平竞争。

虽然国内外对美国总统在贸易上的态度（自由贸易，还是保护主义？）有划分，但战后到老布什一代的历任美国总统，其个人都倾向于自由贸易。这对日本来说是极大的帮助。艾森豪威尔治下，日本加入了GATT，肯尼迪之后的几任总统，GATT谈判大幅降低关税。这对日本来说简直是量身定做，近乎无条件地搭上便车，便车的设施和福利随后不断提升，而且是那种投日本所需的提升。

1958年，欧洲经济体实现了经常项目可兑换（就是包括贸易、旅游、留学这些领域的收入和开支可以不加约束地兑换本币和外币），正如沃尔克所讲，"布雷顿森林体系"这时才开始真正按预期运行。

但日本到1964年才实行经常项目自由兑换。日本的这种安排，也是增加了其鼓励出口、限制进口的政策操作性。其后连年顺差，尤其是来自美国的，日本外汇储备因此快速增加。中国1994年人民币汇率并轨时是经常项目有条件可兑换，到1996年底才实现经常项目自由兑换。中国这样做的目的，也有恢复GATT成员国身份、后来的入世要求方面的考虑。

这期间，日本完美诠释了什么是"闷声发大财"。认识到其发展得益于美国的军事保护和后者的市场开放，日本在国际场合非常低调，因此获得了"3S"的评价，即英文中的"沉默、微笑、偶尔睡觉"。但日本人也深知贸易对其经济的重要性，因此从不放弃任何推销日本商品的机会。戴高乐就笑称池田勇人是卖晶体管收音机的商人，日本人也被其他国家的居民称为"经济动物"。

日本的这种出口导向的后发追赶经济增长模式，尤其是人为压低汇率促进出口，造就了日本经济奇迹，这也为后来的其他东亚经济体所模仿。都留重人先生在《日本经济奇迹的终结》中测算：1950—1973年部分发达国家的制造业劳动生产率增长中，以1950年为基数100，日本在1973年达到了1412，英国、美国是210，即日本是后两者的近7倍之多；联邦德国是411。但1949年日元确定360∶1美元汇率之后，有22年的时间保持固定不变，日元兑美元汇率被严重低估了。而在20世纪60年代，联邦德国马克对美元曾两次主动大幅升值。日元兑美元汇率被严重低估，带来了日本的经济繁荣，导致了西方国家间的贸易失衡，也加速了"布雷顿森林体系"的崩溃。

汇率低估是日本对外贸易尤其是对美国贸易持续增长的关键因素，但显然不可能长时间持续。贸易拉动的经济增长，超额完成了池田勇人1960年提出的国民收入倍增计划，但贸易失衡也导致了"布雷顿森林体系"崩溃，第一次石油危机同时宣告日本1955年以来的经济奇迹步入尾声。

广场会议始末

翻译成中文的"广场协议文本"（见《管理美元》）有一万字左右，除了前面提到的"汇率调整"非常重要之外，还有一段文字同样重要，即"美国的经常账户赤字……正引发保护主义压力，如果不加以抵制，将导致国家间的破坏性报复进而重创世界经济"。这段话给出了会议的背景，也是各国当时的共识，就是美国国会的"贸易保护主义"动议。国内对广场会议的描述、报道，提及这段文字的不多，也是造成误读的原因。我接下来就讲一讲广场会议当年的过程。

因石油危机影响，20世纪70年代是战后西方经济最动荡的十年，尤其是美国，出现了其建国历史上从未有过的通胀，滞胀成为一个新的经济概念。越南战争加剧了这一局势。美元也遭遇了战后最严重的信任危机，对日元和联邦德国马克持续大幅下跌。美国为此曾在五国峰会上呼吁日本、联邦德国担起拉动西方经济增长的火车头责任，效果不理想。

同一时期，欧洲经济陷入停滞，西方出现了一个描述这一现象的新词"欧洲硬化病"；日本经济从此前的高增长落入起伏不定的低增长状态。日本为响应火车头计划，加大财政投入希望拉动经济，导致赤字增加，这也使得20世纪80年代后期，也就是广场会议之后，日本在财政政策上谨小慎微。

在这种背景下，卡特总统于1979年委任保罗·沃尔克执掌美联储。沃尔克就任后的主要工作就是通过提高利率铁腕治理通胀，他将美国的联邦基准利率也提高到了史无前例的20%水平。

1970年前后，欧洲美元市场兴起。石油危机增加了产油国的美元收入。这些资金多数流入欧洲美元市场，主要是在伦敦的金融机构，包括在伦敦设分支机构的美国各大银行。欧洲美元通过这些金融机构贷给了拉美国家。20世纪70年代，欧洲货币市场处于起步期，多数国家（包括美国）对资本进出仍有不少限制；另外，西方货币之间的浮动汇率也处于探索阶段，贸易因素在汇率波动中仍发挥着重要作用。

1980年美国银行法开始，金融自由化和资本流动加速。沃尔克的高利率政策，提高了美国的真实利率水平，其在遏制通胀的同时，也扩大了美国同欧洲货币市场间的利差。后者引发了全世界的资金流向美国，包括此前流入拉美的资金和日本对美国的顺差，也被称为黑字。拉美债务危机因此加剧。资本流动逐渐成为影响汇率的关键因素。

回过头看，从1971年"布雷顿森林体系"崩溃开始，一直到2012年，日元兑美元是40年的升值周期。1979—1985年是这个大的升值周期中的一次回调，即美元兑日元（及其他主要货币）的大幅升值。

沃尔克的加息是导致这种回调走势的主要因素，但不是全部。也是从1980年开始，外汇市场交易开始繁荣，并以芝加哥商品交易所为代表开发了很多外汇衍生产品。这些外汇交易成为决定汇率最重要的因素。

从交易的角度，国际外汇市场当时有两个派别，一个是基本面派，即认为贸易差额、经济增长等基本面因素决定汇率。逆差国的货币该贬值、顺差国的货币该坚挺。另一个是图表派，或者叫趋势派，即根据电脑图表来分析汇率走势。在1983年之前，不少外汇市场交易员就秉承贸易差额决定汇率的基本面派理念，认为美国的逆差将导致美元走软，但持续升值的美元让他们亏了钱，这些交易员转而加入根据图表走势赌美元升值的行列。

广场会议日方代表、日本大藏省前副相行天丰雄先生在当时就曾专门问过东京市场的外汇交易员：在他们眼里，影响汇率走势的都有哪些因素？交易员回复说，有短期、中期和长期三个因素。行天先生听到"长期"两个字很兴奋，就问交易员：长期是多久？交易员回复说：十分钟。

诺贝尔经济学奖得主、设计了干预资本跨国流动的托宾税的詹姆斯·托宾教授也曾有过这样的经历。他的学生曾给芝加哥商品交易所的交易员做助手，他的学生也向交易员咨询影响汇率走势因素的问题，答案同样是："长期"为十分钟。要知道，在金融市场，长期是按年计的。

上述这些综合因素，使得美元自1979年开始快速大幅升值。自1980年到1985年2月，美元的有效汇率升值了81%。国际清算银行称，还没有一种货币曾出现过这种现象，即货币汇率的坚挺是基于经常账户持续恶化时的资本流入。

美元升值给日本产品带来了价格优势，日本对美国出口大幅增长，顺差也快速增加，相应地，美国的逆差也大幅增加，且主要来自日本。到1984年，美国贸易逆差1040亿美元，历史上首次超过1000亿美元；商品贸易逆差占到美国当年GDP的比重接近3%，这在美国历史上也是不曾出现过的，其中日本占了近一半。

这就是广场协议里提到的"西方国家间在国际收支方面存在巨大的失衡"和"正引发保护主义压力的美国经常账户赤字"。（这个纪录在20年后被打破，2006年，美国贸易逆差占其GDP的比重接近6%，是广场会议前后的近两倍；美国这时的逆差主要来自中国，当年中国贸易顺差占GDP的比重超过7%，比日本广场会议前后的比重高出一倍。）要知道，"布雷顿森林体系"崩溃之前的1970年，美国商品贸易逆差只有100亿美元，占美国当年GDP的比重不到1%。也就是在这样的情势下，美国关闭了黄金美元兑换窗口。

广场会议签订前美日间的这种严重失衡的贸易格局，严重影响了美国为首的西方经济体系的稳定，并被包括日本在内的各国首脑视为危机的隐患。这是广场会议的宏观背景。

有专家在广场会议之前分析认为，日本商品物美价廉，的确有竞争优势，但日本对美贸易扩张、顺差增加，超过一半的因素是汇率因素带来的。日本外贸出口及顺差的大幅增长，拉动日本经济实现了1979—1985年的景气期。这期间，每每有西方国家指责美国的财政和贸易双赤字（高赤字是高通胀、高利率的原因），美国官方便会回复说，是美国在拉动西方经济增长。实际情况也的确如此。

美元当时兑其他货币如此大幅升值，除了市场之外，官方是否意识到其不正常呢？意识到了。1981年4月到1984年底，美国之外的13个西方国家共抛售了500亿美元抑制美元升值，联邦德国一方占250亿美元。1984年下半年时联邦德国曾呼吁日本一起参与，日本没有出手。美国官方，即里根政府也意识到美元大幅上涨不正常。

里根信奉自由市场经济、坚持自由贸易。他的第一任财政部部长里甘完整地践行了里根的理念，认为汇率高低该由市场决定，财政部副部长斯普林克尔就美元汇率公开表态称：除非发生特殊事件，否则政府不会出手干预。他说的特殊事件，指的是里根遇刺。里甘同时对提出质疑的人讲：美元强代表美国强。

里甘的团队认为，日元相对美元弱势，是日本金融不开放造成的。因此在1983—1984年组建了一个日元美元委员会，敦促日本通过日元国际化来解决"美元强、日元弱"的问题，国际化的措施包括国际贸易用日元而不是美元结算、到欧洲市场发行日元债券。大家注意，日元的国际化是在美国的要求下进行的。日本最初对这些举措并不积极，但广场会议之后，日元还是逐渐地走向了国际化，对日元的地位、日本对外投资乃至中国加入WTO之后的世界经济全球化都有非常大的促进。

美元升值、来自日本的进口品大幅增加，挤压了美国本土的产业，特别是钢铁和汽车产业，造成了这些产业的失业率上升，美国国内抱怨不断，不友好行为也随之增加。中国这里应该提及的是，美日20世纪80年代的贸易摩擦，是日本企业技术追赶并比肩美国产业后的结果，这才是真正意义上的产业竞争导致的摩擦。中国国内经常追溯的20世纪50年代美日纺织品贸易争端，并不具有代表性。后者不代表产业技术上的竞争，对美国来说，没落产业工人的诉求，政治因素更强。到20世纪80年代美国同中国之间也有过纺织品贸易摩擦。

有几张美国产业工人砸日本汽车的照片流传很广，有一张上立了一个招牌，上面写着：要在美国卖车，就在美国设厂。这是1981年的事情。也就在这张照片发布不久，日本的丰田汽车就到美国去设厂了。也是在1981年，日本对出口美国的汽车实行自动出口限制，一年168万辆。1984—1985年把总数修正到185万辆。1985年之后自动出口限制协议就停止了。在里根的第一任期内，类似安排接连不断，包括目前中国传播很广的莱特希泽担任贸易谈判副代表时同日本谈判钢铁贸易的故事。里根第一任期内，呼吁对日本采取措施、美元贬值的代表人物是2019去世的汽车界传奇人物艾柯卡，他动用了各种力量来说服总统，但里根不为所动。

这个过程中还有一个重要因素不能忽略，即冷战。中曾根康弘上任之后曾有一句名言，日本是美国在太平洋上不落的航母。这句话让美国军方和政府部门对那些关于贸易和汇率的问题都充耳不闻。美苏冷战到了关键时期，美国当时的军费大幅增长，在金额上碾压苏联，这也推高了美国的联邦政府赤字，在当时的背景下，美国需要包括日本贸易黑字的支持，这也是沃尔克维持高利率的一个重要因素。

但情况在里根第一任期快结束时的1985年前后发生了变化。导致这个变化的有美国国内、国外两方面的因素。

在国内，不断攀升的贸易逆差、持续升值的汇率和大企业的游说，最终在国会发酵，产生了效果。贝克回忆，他接任财政部部长之后，汽车公司的人跑到白宫、财政部和国会拍桌子，指责政府和国会不作为；参与广场会议的美国财政部副部长马尔福德在2015年（广场会议30年）的回顾里提到，"锈带这个词当时频繁出现在媒体里"，锈带地区的企业和失业工人就不断地敦促其议员发声、提提案，民主党控制的国会开始酝酿贸易法案，考虑制约甚至收回对总统在贸易上的一些授权，对包括日本在内的贸易伙伴进入美国市场设置贸易壁垒，就是说，威胁不再像以往那样不对等地开放了。国会的动向就是广场协议文本里九次提到的"贸易保护主义"。

对当时的里根来说，任何能尽快且可控地解决美日两国间严重的贸易失衡的选项都可以操作，只要能够抢在国会采取贸易保护主义措施之前。在1985年初他更换了财政部团队，里甘和白宫办公厅主任詹姆斯·贝克互换了职位。贝克不懂经济，但非常实用主义，他清楚应该通过政府干预来解决汇率失调的问题。在美元汇率问题上，美国政策自此开始转向，不再坚守"善意忽略"，而是接受"可以谈"的态度。

美国现任贸易代表莱特希泽曾在2008年的一篇文章里援引广场会议作为里根是保护主义者的例证，实际上，里根的这一做法，恰恰是应对保护主义的对策。

这里就莱特希泽补充一点。在美国一方，到1985年9月22日广场会议结束并发布声明（即广场协议）之前，美国国会、白宫知晓广场会议的人并不多，参与的就更少了。据广场会议牵头人詹姆斯·贝克回忆，会前知道要召开广场会议及大体内容的，包括里根总统在内，一共八个人。沃尔克是广场会议的美方代表，但他是在会议快召开时才从贝克那里得到消息，贝克知会沃尔克的原因，是希望作为美联储主席的沃尔克在货币政策上支持财政部干预汇率的做法。

广场会议是财政部和央行的事情，与其他部门无关。了解和参与这次会议的高官很少，因此不要说决策，即便是召开会议的消息也不为外人知道。莱特希泽当时是贸易代表办公室的副代表，在时间上，他于1985年6月，即广场会议召开前即离开了该职位。另外，即便是他的上司威廉·布洛克也没有参与会议的机会。我2018年还为此专门问了沃尔克先生，他回复我说，他当时不知道莱特希泽是谁。

美国贸易代表办公室是一个比较特殊的机构，设立于肯尼迪总统任期。其作用之一是直接了解美国贸易企业的意见，向国会和白宫沟通贸易企业信息。莱特希泽在任时的贸易代表办公室偏鹰派立场，包括莱特希泽本人，他的上司威廉·布洛克也曾多次直接或带领企业代表向里根提出对日本强硬的建议，但里根并没有接受。

国内传播甚广的莱特希泽在同日本官方就钢铁贸易抛纸飞机的记录，很难讲是莱特希泽的强势还是他的无奈。莱特希泽之后，里根整体调整了贸易代表办公室的团队，新代表为克雷·尤特贸易上更趋于强势，上任之后即根据日本的产业政策及日本企业在美国和全世界市场的做法，同日本之间签订了《日美半导体协议》。国内有不少说法是，这个协议扼杀了日本的半导体行业。这也是谬以千里。也是从广场会议前一年的1984年，美国国会要求贸易谈判办公室将《国别贸易报告》常规化，每年都要提交。就是说国会直接给贸易办公室施压了。2018年我翻译了该报告的中国部分，特朗普在2018年6月突然针对中国输美产品加税，其依据也是这个报告。

在国外，美国国会的保护主义动向也影响到了日本和联邦德国的决策。包括中曾根康弘在内的日本官员心里清楚，战后日本的经济奇迹得益于美国主导的国际经济秩序和货币体系；而日本作为出口导向的经济体最经不住体系动荡；国际经济体系不能因为日本而垮掉，日本也不希望被西方其他国家孤立。另外，日本不可能长期继续这种出口导向的模式。自1971年"布雷顿森林体系"崩溃开始，但凡涉及贸易和汇率问题，日本便被视为麻烦的制造者，因为全球贸易失衡主要就是日本庞大的贸易顺差造成的。

实际上，自1981年开始，日美之间就两国严重的贸易失衡问题展开了多次谈判，也签署了不少协议。但在美国国会的眼里，这些协议对解决失衡都显得太慢。因此，中曾根康弘在1985年上半年授意日本时任大藏相竹下登，希望利用汇率调整尽快解决美日贸易失衡。

中曾根康弘在《管理美元》里回忆说，"1985年上半年，我们苦心孤诣地解决日本的顺差问题，这些具体的贸易自由化谈判实在是不足以处理失衡问题。因此，我下决心实施一个综合性计划，在美国的支持下处理这个问题。综合计划肯定包括日元、美元汇率调整……"时任日本通产省副相的藤川信二先生在广场会议之后指出：直至目前，日本仍只是在利用现有的国际经济秩序，但我相信我们必须改变这种观念，而且日本必须承担起维护国际经济体系的相应责任，同时应该在提供国际公共品方面发挥作用、做出贡献。从这个角度来说，我们也必须同我们的贸易伙伴合作、全力纠正日本的外部失衡问题。

日本系列产业政策的参与者、《前川报告》（后面会解释《前川报告》）起草委员会成员宫崎勇也曾经有一个评价：日本顺差在GNP中的占比高达4.4%，无论如何是过高了。问题在于，我们的经常项目顺差的规模之大，足以扰乱世界贸易秩序。他这里提到的占比，是指广场会议当年的1985年。

联邦德国是最早意识到美元严重高估并多次直接进场干预的，当然其目的有稳定欧洲货币体系的考虑。而当时英镑对美元则跌到了1∶1这一有史以来的最低水平，英国人将这一汇率水平看作耻辱，更重要的是，战后英镑汇率的每次下跌都伴随着危机，撒切尔夫人因此直接打电话给里根，恳请后者进场干预。

美国国内外的这些因素，促成了当年9月的广场会议。

日本广场会议时的大藏相竹下登在1995年，也就是广场会议十周年时接受日本《经济学人》的采访承认，他在同贝克见面时，是他主动提出的日元对美元升值的动议和安排。因为前任财政部部长里甘的原因，直到广场会议召开前的9月21日晚上，日本参会官员还在怀疑，美国是不是真的同意干预汇率市场了。

在贝克接任财长并同意考虑干预汇率时，原本只是日本和美国两国的联合行动，这是当时的G2，即两国集团概念，但考虑到联邦德国马克有同样的问题，也需要调整，而且如果不加上德国，日本就真成了整个西方的众矢之的。因此叫上了德国。德国最初并不积极，因为德国认为，麻烦在于美国的财政赤字太高、日本的顺差过大；而且，美国在1984年提出干预市场，被里甘怼回去了。德国最后被说服参加，但坚决反对被视为同日本一样的"顺差国"，德国最终被表述为"轻微的顺差国"。

美国最终认为，五国集团中，落下英国和法国有些不妥，就这样最终变成了五国集团的一次协调。因此，不少人讲，英国和法国是打酱油的，也是实情。

前面提到，中曾根康弘讲，要在美国的支持下处理这个问题。今天的很多人会问到，日本自己主动升值不就可以了吗？从市场的角度来讲，日本一国的力量太过弱小，再者日本在市场上、在大国间也没有话语权，不会有号召力。联邦德国在广场会议前多次直接进场干预，都没有达到预期的效果。在当时的情况下，没有美国的参与，市场不会买账，而且，即便是同意共同进场干预了，西方几国也担心市场不认可、干预起不到预期效果。

两周左右的时间，几国共投入100亿美元（各国共准备了180亿美元的干预资金），市场汇率达到了几国虽没有明确但默认的幅度（10%—12%），这几国财金官员才松了一口气。在这个过程中，政府（包括中央银行和财政部）也只是一个市场参与者，并不是决定者。

从整个干预过程来说，取得了理想的效果，五国财金部门可谓皆大欢喜。但站在市场的角度，广场行动是在美元向下调整过程中助推了一把。在1985年的2月，美元对日元和马克升到了1978年之后的高点，其后便开始下跌了。下跌的趋势已然形成，这也正是沃尔克当时担心的，他担心政府进场联合干预，可能导致美元断崖式下跌，因此要考虑在必要的时候逆向干预。沃尔克的判断是当时参会官员看法中的异类，但无疑他是对的。他对市场的感觉，可能缘于他曾担任纽约联储主席，纽约联储是美国财政部和美联储干预市场的操作窗口。

对于广场行动是否必要在当时是存在争议的，2019年去世的美国哈佛大学教授，也是担任美国国家经济分析局主任时间最长的马丁·菲尔德斯坦就一直认为，广场会议是多此一举、完全没必要。但多数官员相信，除了干预的效果之外，他们让市场其他参与者看到了政府的决心，这很重要。就这一点来说，干预的目的的确达到了。

虽然也存在争议，但普遍认为，沃尔克在20世纪80年代初期的铁腕遏制通胀政策，重塑了西方世界对美元的信心，对美国经济再度步入正轨、形成经济大缓和的二十年居功至伟。广场会议则是在"布雷顿森林体系"崩溃、西方货币选择浮动汇率制之后，美元再度确定为世界主导货币的标志性事件。仅就汇率调整幅度而言，达到了参会各国的预期，对美日间、美国同世界的贸易失衡调整，也比较理想，只是周期长了一些。

从学术理念的角度，广场会议是"二战"之后的"布雷顿森林体系"一代专家、官员的一个执念的实验，特别是一年多之后的罗浮宫会议，更是这一执念的映射，即希望浮动的货币区间可预期、可控。随着20世纪80年代的结束，这一执念显然不再成为主流。但在经历了"布雷顿森林体系"、浮动汇率的先期动荡，作为信用货币的美元再一次确立了其在全球货币体系的主导地位。

做一个简单的总结。广场会议（广场协议）是西方五国之间的一次联合协调行动，是在恰当时机最不差的选项，可谓天时、地利、人和。国内经常有一个说法是，"二战"之后，每每有经济体的规模接近美国的60%—70%，美国就会对追赶者打压，广场会议是一个典型代表。但按美元折算，到广场协议前的1984年，日本GDP占美国的比重刚刚超过30%，这一比例还不如1978年时的比例高；日本GDP达到美国的70%是在1995年。1978年和1995年的比重之所以高，最重要的因素就是日元兑美元升值。

但1995年之后，美日之间的贸易摩擦已经步入尾声，更没有打压之实了。另外，就经济体量对比，目前全世界范围可同美国比肩的只有欧盟，两者互为高低。美国没有打压过欧盟，国内不少论者言称的打压欧元，也只是一个传说。欧元的创立和发展，实则得到了美国的支持。

如果要将广场会议同日本后来失去的二十年联系在一起并赋予阴谋打压的判断，可以思考几个问题：

第一，国内有研究者经常提到的反例，即联邦德国，以及英国和法国。这三个国家的货币在广场会议之后兑美元均大幅升值，且幅度并不比日元低，但经济上没有失去数十年；1987年之后，美日曾采取了包括联合进场和口头干预日元的措施，仍然没有逆转日元的升势。

第二，联邦德国的贸易集中于当时的欧共体内部，同美国的贸易占德国贸易总量的10%左右，而日本对美国出口占到日本出口总额近40%，对美顺差占日本顺差总额近100%，1981—1982年甚至占到日本对外贸易顺差总额的150%。在这种情况下，美国是否可以无限量地进口日本商品？可以对比当下。

第三，无论什么商品或者资产，其价格不可能只涨不跌，美元在当时对日元及其他西方主要货币是否会涨到天上去？恰恰是在五年间一去不回头地升值，沃尔克才担心美元的突然贬值。而日元对美元自1971年开始持续至2012年的升值，中间也是有多次回调。

第四，在当时的情况下，如果五国不协调调整汇率，美国果真挑起货币战、贸易战，日本是否有能力应付？前面提到，日本1984年的GDP占美国的比重，刚刚超过30%，美国当年的GDP超过4万亿美元。日本当年的美元储备只有264亿美元。这样一个体量对比，日本没有任何应战的能力。

第五，也是第一部分讨论过的，日本深知其战后经济奇迹得益于美国向其开放市场、美国部署在全球的军力保证了原材料和终端产品的正常贸易。这是包括行天丰雄、中曾根康弘在内的日本官员深谙的事实。而同期冷战的另一阵营，则正处于终结的前夜。

第六，第五条的延续，要在冷战中保持持续的优势，同一阵营自然不能自乱阵脚，协调解决贸易失衡是理性恰当的选择。广场协议是美国给盟国的待遇，并不是想要就能得到的。日本因冷战进入美国圈子，也为冷战维护了这个体系。

另外，需要说明的是，广场会议是美国解决贸易失衡的选项之一，是财政部和央行主导的货币选项。实际上，广场协议里除了汇率调整安排之外，也提出了"开放市场"的政策。协议中的分国别政策安排中，法、英、德、美四国均将"抵制保护主义"列为最后一条，只有日本将其列为第一条，且单独明确"对外国商品和服务进一步开放日本市场"。

就在广场会议的次日，1985年9月23日，里根总统在白宫接见商界和贸易领袖时就贸易问题发表了一个讲话，提到"自由贸易"必须是"公平贸易"，要求日本开放国内市场。"布雷顿森林体系"崩溃之际，时任美国财政部部长约翰·康纳利曾经说过同样的话：我们支持自由贸易，但必须是公平的。

有贸易政策分析专家就认为，"公平贸易"的提法，可以视为自由贸易和保护主义间的一个区别标志。1985年可以视为里根政府在贸易政策上的转向。其后，美国同日本开始了长达12年持续至1996年的贸易谈判，美国以贸易代表办公室为主导。在这12年间，美日间的贸易协议达数十项之多，里根及后来的老布什总统，同国会之间继续着保护主义和自由贸易理念的博弈，但美国的贸易立法明显加快，著名的如1988年的《综合贸易和竞争法案》及后来的《日美结构性障碍协议》等。这些也都成为促使日本进行国内改革的"外压"。从投资准入、行业壁垒、市场份额等多方面，提出对等贸易要求。

在贸易政策问题上，美国政府同国会之间一直存在着博弈。广场协议的起因也在于化解国会的保护主义压力。后续的发展情况看，虽然美日之间的贸易谈判不断，但随着1990年之初美国贸易状况改善，国会在贸易上的保护主义压力逐渐消退。

广场会议后的日本选择及影响和借鉴

一个经济体的货币升值、贬值，特别是相对主要贸易伙伴的货币升贬，对前者进出口的影响明显且直接。这一点，自20世纪30年代世界经济危机期间各国以邻为壑竞相贬值地争取出口，直到今天仍然没有变化。这也是美国一直盯着几个贸易伙伴的货币，并时常祭出"操纵汇率"指责的原因，美元贬值，对改善美国的贸易条件同样有帮助。日本作为依靠贸易立国的外向型经济体，日元汇率大幅升值，贸易肯定会受到影响，进而影响到经济发展。

广场会议之后，日本的对外整体出口、对美出口及顺差立刻受到影响。美国的官员、学者最初曾指责，广场会议之后，日本对美国的出口、顺差还在增长，汇率调整对解决失衡影响不大。国内也有学者持这种看法。以美元测算，这个结论是没错的，这是贸易上的J型曲线效应的结果，就是汇率调整效应传导到进出口上有一个时滞。对美国来说，这个影响在1988年之后开始明显，到1991年时，美国的经常项目顺差近乎归零。

但对日本来说，以日元计量的贸易额自1986年即开始下滑，贸易量下降得更明显。日元计量和美元计量出现不同结果的原因是，日元对美元升值的幅度，高于以日元计算的对美出口额降幅，折算成美元，自然是出口总额和顺差额都在扩大。再叠加上J型曲线效应因素，肯定招致美国的不满。

站在日本一方，国内经济增长是以日元测算的，贸易状况恶化自然反映在经济增长上，这被称为升值萧条，决策者们面临着各方压力。要解决这一问题，必须考虑对策。

前面提到，日本首相及产业政策官员，在广场会议召开之前就已经意识到日本不能继续依赖外贸出口拉动经济增长。这不只是说给美国人、欧洲人听的高调，也是日本自身政策上的转型努力。这个努力最具体的表现，就是1985年中曾根康弘责成日本央行前总裁前川春雄先生牵头于1986年4月7日完成的《前川报告》。

《前川报告》明确指出：日本经常项目收支顺差是给世界经济带来巨大混乱的主要因素，这已成为国际社会的共识，日本经济结构改革势在必行。经常项目顺差必须调整到不影响国际和谐的程度（没有提具体目标，但应为GNP的2%左右。这一目标在1989年实现）。如果把《前川报告》视为一个规划的话，其意义远超过广场协议。这是日本经过战后40年发展后，改变发展模式的宣言和决心。

基于经济转型的理念，日本在广场会议之后从货币和财政政策上做了应对努力。

日本最初采取的措施是降低贴现率，自1986年的1月30日起连续五次降息，到1987年的2月20日将贴现率自5%降低到了史无前例的2.5%低点。居民存款利率也同步下调。最初两次降息的主要目的是对冲日元升值。事后，日本决策者的降息措施及1989年之后的连续加息遭到不少批评。就当时的形势而言，虽然包括首相在内的阁僚，心理上做好了经济向内需方向转变的准备，但一来常规的内需不是政策刺激就可以连续大幅增长的；另外，从外贸企业到决策者（这些决策者有政府官员，也有国会议员），在经济面临下行压力时，出口导向的路径依赖很容易就会占到上风。这不难理解。

连续降息没有制止日元的升值，反而加速了地产和股市泡沫。

贴现率连续下调降低了企业和个人的融资成本；同期政府放松了包括企业发债在内的金融自由化以及土地政策，银行、企业、法人及个人均参与到了股票和地产的投资热潮中；企业以产业投资名义的投融资，有一部分也改头换面进入这一领域。在全社会的努力下，广场会议之前已经启动的股市和房地产市场，加速上涨，一直持续到1990年和1991年。

东京股票市场1989年时一度成为全球市值最大的市场，东京证券交易所交易额超过了纽约一倍之多；东京银座的地价可以买下整个加州，东京的地价可以买下美国；1990年，按不同指标测算的全球十大银行中，日本的银行分别占到7家、9家。资产价格的上涨，主要依靠债务。日本购房者主动或在银行的怂恿下，增加贷款额度，购买更大、更多的房产，希望在资产升值中获益。这是当时的常态。太阳底下没有新鲜事，2007年之前的美国房贷市场也是如此。另外，银行发放更多的贷款也在当时成为日本银行业的业绩指标。与此同时，日元升值及信贷便利，也刺激了日本的企业和个人买遍全世界。

"泡沫繁荣"抵消了广场会议之后担心的"升值萧条"。日本经济自1986年起走出了近6年的繁荣期，是战后持续时间第二长的景气期，也被称为"平成景气"。经济增长、通胀率不高，作为决策者来说，这是再理想不过的状态了，宫泽喜一因此在1989年时兴奋地讲："日本经济形势一片大好。"这在后来被称为"泡沫繁荣"。

资产价格疯涨引发了决策者的担心。日本央行在1989年5月之后连续5次加息，在一年半的时间将贴现率升到了6%；次年3月，大藏省对房地产融资实行总量控制，股市和地产泡沫戛然而止，东京股市在1990年一年内下跌40%。日本企业及个人推高泡沫时积累的巨额债务，成为压倒日本经济的稻草。日本经济自此步入被称为"失去的二十年"阶段。

用野村证券经济学家辜朝明先生的话说，日本是典型的资产负债表危机，即企业和家庭债务推动资产价格上涨，在资产泡沫破裂之后，账面资产大幅缩水，但债务是刚性的，在这种情况下，无论贷款利率、信贷条件如何优惠，债务人都不会再增加投资和消费行为，只求尽可能快地还清债务。据测算，日本股市和地产泡沫破灭造成的账面损失达1500万亿日元，相当于日本连续三年的GDP总和；日本的银行不良债权，高峰期占到了日本GDP总量的35%。债务危机很快转变为银行业危机，日本的银行业在20世纪90年代中后期进入破产重组期。

从政策的效果分析，事前是可以预期到货币政策会刺激资产泡沫的。那日本当年为什么没有倚重财政政策呢？前面提到，20世纪70年代末的火车头计划时，日本曾力推财政政策，但除了大幅增加赤字，拉动本国和世界经济增长的效果并不理想。因为这个先例，日本国会对预算赤字严格谨慎，政府在动议财政刺激政策时都信心不足。广场会议时的大藏相竹下登，连同首相中曾根康弘，被宫泽喜一一再指责，后者批评他们让日元升值。中曾根康弘后来让宫泽喜一替代竹下登出任大藏相。

美国财政部部长贝克因为日本对美顺差没见下降，就敦促宫泽喜一利用财政政策拉动日本经济，结果是宫泽喜一几番承诺的财政刺激计划都未完全兑现，这也造成美国一方对宫泽喜一的不信任，宫泽喜一因此也是苦不堪言。他之所以兑现不了承诺，也正是前述的原因。日本大规模地推出财政政策，要等到1992年泡沫经济破灭之后，那之后，政府债务年年加码，目前已经是西方国家中债务占GDP比重最高的经济体。不过这一指标并不能作为日本将陷入债务危机的参照。

从直接影响的角度来看，泡沫破裂造成的资产负债表危机，的确是日本经济步入持续不景气的原因。到1987年日本人均GNP已经超过美国，成为名副其实的发达国家。但从日本国土面积、人口总量和全世界科技创新以及后发经济体的追赶等多因素考虑，日本在经过国民收入倍增计划之后，居民的日常消费并没有增长到可以替代出口发挥拉动经济增长的主力作用，依靠国内消费，能够保证经济在低水平的稳定发展状态，就已经非常不错。没有20世纪80年代末的泡沫繁荣，日本经济不会有平成景气，但可能不会出现1992年之后的失去十年、二十年。历史不容假设。

在广场会议之前，日本国内曾有分析认为，日本的人口结构优于欧洲和美国，会晚于后两者步入老龄化，但据日本总务厅公布的数据，1992年日本65岁以上人口达到687万人，占总人口的比例为13.5%，创历史最高水平，日本老龄化的速度远远超过官方此前的预期，也恰恰在这一年日本地产泡沫快速破裂，经济持续不景气。泡沫破裂之后，因债务原因，日本企业的产业投资大幅下跌，这使得日本的企业在2000年前后的信息产业竞争时代处于相对劣势，日本企业的效率增长也大不如以前。

1954—1972年日本经济年均增长率是9.2%，1973—1991年年均增长3.5%，1992—2015年年均增长0.8%。20世纪70年代，因为石油危机的影响，整个西方经济都不景气，美国同时还面临着美元信任危机。在这一背景下，傅高义先生的*Japan as No.1*（《日本第一》）出版了。这本书风靡世界至1991年，广场协议之后更是风头无两；1989年，索尼创始人盛田昭夫和石原慎太郎合著的《日本可以说不》出版，也是盛极一时。包括美国人也相信，美国地位衰落，按以往的发展速度差距，日本将在2000年前后经济总量超过美国。但就像沃尔克先生对我讲的，等到《时运变迁》英文版1992年出版之后，日本第一的论调就不再有人提了。

这是日本政府在广场会议之后的财政、货币政策和影响。接下来我们说一说日本的企业。

美国市场开放加上日本自身产业政策的影响，日本重点产业的发展极为迅速，汽车是非常有代表性的领域。到1975年，即便考虑了汇率因素，丰田、本田的劳动生产率远远超过美国汽车公司。日本汽车开始向美国出口，并很快对美国汽车业带来竞争压力，美国汽车公司工人、钢铁工人砸日本车很快成了新闻。

日本企业投资最早是在东南亚地区，20世纪80年代初期之后，为了避免贸易摩擦，投资开始向美国集中。日本通产省1986年发布的《通商白皮书》的调查显示，日本投资于发达国家的产业中，65%的汽车工业、77.1%的机床和95.7%的办公设备投资是为了避免贸易摩擦。

泡沫经济破灭后，因为债务压力，日本企业的投资能力和强度均大幅下降，20世纪90年代后期的新闻报道，不断出现日本企业80年代收购美国标志性企业要么大幅亏损，要么认赔退出。真可谓时运变迁。但日本企业对外投资以及美日之间的贸易冲突，给中国带来了好处。

日本20世纪80年代中后期特别是90年代的对外投资，再度从欧美发达国家向东亚经济体特别是中国转移，适逢中国采行市场经济体制、改革开放进程加快，另外就是人民币汇率并轨和后来的WTO，中国对美国出口增加。日本企业全程参与并享受了这一拨红利期。从数据上看，日本此前对美国的大幅顺差，变成了对中国的顺差，即中国向美国大量出口、巨幅顺差，日本则向中国出口并获得大量顺差；在这个过程中，中国也取代日本，成为美国最大的逆差来源国。

路透社的统计数据显示，截至2017年底，日本海外净资产总额328万亿日元，折合约3万亿美元。要知道，中国截至2019年底的外汇储备刚过3万亿美元，这3万亿美元不是净资产，中间还包括债务。中国商务部的数据显示，截至2017年底，日本对华累计投资额达到1081亿美元，超过七成都是盈利的。

最后，对比日本战后的经济发展模式以及广场会议，看一看中国的情况。

从路径、模式和逻辑上，中国改革开放特别是20世纪90年代中后期的发展，也是典型的外贸拉动、出口导向型。这期间，美国市场的开放、全球经济和货币体系的作用至关重要、不可或缺。中国对美国出口规模和顺差的不断扩大，给美国和世界经济带来的影响，同日本在20世纪60—80年代的情况也有相似之处。只是从总额和比例上看，中国目前的规模和影响更大了。

包括日本在内的西方国家和市场都非常清楚，1985年的日元应该对美元升值。但中国人民银行行长易纲在2019年"两会"的记者招待会上就承认，"过去四年，人民币的确面临着比较大的贬值压力"。这与当年的日本截然不同。20世纪70年代西方国家间的浮动汇率制之初，可视为一个混乱期（此间出现了"石油美元"概念，但跟国内大部分人的理解也是差之千里），到1984年美国要求日元国际化，日元逐渐地放松对美元的绑定，任由市场决定汇率走向。这个过程相当艰难，显然日元走过来了。

但人民币自1994年并轨改革以来，25年的时间一直没有真正放弃对美元的绑定，美元成了决策者和不同市场主体的信仰和魔咒，这在经济快速发展之初有红利、好处，目前则明显走向反面，人民币汇率升贬都很难有自主性，骑虎难下。只要锚定美元，不管是直接还是间接，康纳利在1971年黄金、美元脱钩时说的那句"美元是我们的货币却是你们的麻烦"的影响始终难以解脱。日元目前就没有这个麻烦了。

20世纪70年代末期，日本官学界就已经意识到日本必须放弃出口导向型的模式。广场会议可以视为一个加速器，日本的经验表明了转型之难。至今，外贸在日本经济中的作用仍然很重要，但日本已经脱离了80年代之前那种不断引发冲突的贸易关系和发展模式。对于内需的作用，中国国内的认识也不算晚，但似乎没有落到实处。这可能同全社会的收入分配有很大的关系。

出口导向型经济体要顺利转型为内需主导，需要太多的条件，这些条件超出了单纯的经济政策范畴，也不只是国内政策可以解决的。日本国内研究机构在1973年还曾预期，日本10%以上的经济增长率可以持续到1985年。外贸拉动模式终结，增长率肯定走低，如果不是长时间的萧条，就是在一个更低的增长水平保持稳态。政策改变不了这一规律。唯一可能打破这个规律的，是出现革命性的技术创新并引领全球消费新趋势。

日美20世纪80年代的贸易摩擦，是日本技术追赶，缩小了美国技术上的相对领先优势，日本在包括企业、机械、办公设备、家用电器等领域，碾压美国竞争对手。事后看美日80年代的产业竞争、贸易摩擦，没有不可以转移的产业链、价值链，无非就是付出失业的代价。这就要看政治人物的选择了，就如当下的特朗普。日本当时有一个说法，除了波音飞机，美国向日本的主要出口品是粮食和木材，美国俨然是一个农业国。包括广场会议在内，日美之间仅仅是个经济问题，即便美国官员也曾指责日本的资本主义同美国的不同，克林顿曾信誓旦旦地表示"在贸易问题上要把日本放在火上烤"，但这些争端并没有超出商业和贸易范畴。并不是每个经济体都有日本的好运气。另外，日本自1968年开始，其经济体量一直仅次于美国。但用日本专家的话说，日本泡沫经济破灭，并没有对世界产生什么影响。

2002年之后，世界贸易的增量主要来自中国，中国商品出口在全球出口商品市场的份额一度超过15%，这一比例在战后只有美国达到过，中国份额的上升是以包括美国在内的其他经济体的份额下降为条件的。按美国方面的数据，2009年之后，美国对中国商品贸易逆差，占其逆差总额的比重一直在50%左右徘徊，且绝对额稳步攀升，是美国最大的逆差来源国。

2018年，美国对中国的商品贸易逆差，相当于美国2000年时对全球的贸易逆差总额。中国2018年的劳动密集型商品占全球同类出口商品总额的比重超过25%，这一比例高于战后所有西方国家。这说明中国至今仍然在利用劳动力优势，国内的产业发展、投资以及消费能力，均受制于外贸出口。在这种背景下，贸易摩擦对国内经济的影响将非常深远，持续的时间也会很长。

最后，也是我个人认为的最关键的一点，就是日本战后发展过程中，日本不曾出现过政府不得不严加控制的资本外逃问题。资本外逃正是包括拉美在内的其他经济体爆发经济乃至政治危机的原因。日本没有资本外逃的担忧，其目前高额的国内债务并不被视为隐患。但如果简单拿日本的这一项指标做类比而忽视资本进出的现实，显然是没有意义的。

中国：改革开放后四十年中国经济的发展及未来走向

韦 森

复旦大学经济学教授

导语

　　2018年是中国改革开放40周年，2019年是新中国成立70周年。各界普遍认可新中国是在改革开放后才取得了举世瞩目的成就的，中国中间走过弯路。复旦大学经济学教授韦森将带领大家认识中国改革开放对中国经济发展的影响及其动力，并对中国经济未来的走向做出预判。

1978年市场化改革后中国经济的迅速崛起

2019年是中国的一个特殊年份，因为这一年是中华人民共和国成立70周年，从时间上看，中国迎来了它的古稀之年，但实际上中国经济真正的发展从1978年12月中国改革开放算起，也只是刚刚走过它的不惑之年。

在当代中国历史上，中华人民共和国的历史发展，分为两个时期：第一个时期是从1949年（或者说1952年）到1977年；这个时期可被称为中国全社会的中央计划经济体制的建立和实验时期。第二个时期是1978年之后，中国开始了市场化改革和对外开放。市场经济在中国内部成长起来，可以说中国经济的真正崛起，是在1978年中国市场化改革和之后的事情。

1949年中华人民共和国成立时，中国是一个非常贫穷落后的国家。按照国家统计局的数字，在1952年，中国人口有5.7亿，但GDP只有679亿元人民币，人均GDP也只有119元人民币。但是，从全世界横向比较来看，那时候中国经济上还不是最差的时期。尽管经过晚清到民国初期的社会动乱，接着又经历了十四年抗日战争和三年解放战争，但到1952年，具有当时全世界1/4人口的中国的GDP总量，仍然占全球GDP份额的5.5%。

从20世纪50年代开始，中国开始学习和引进苏联的计划经济体制模式，进行了近30年的中央计划经济体制的社会实验。在中华人民共和国成立后的前30年，中国经过了农业合作化运动、工商业的社会主义改造、1958年的人民公社化和"大跃进"，乃至1966年到1976年十年的"文化大革命"等多次运动，但这一段时期，中国经济并没有多少真正的增长。

从全球经济增长的历史数据来看，20世纪50年代到80年代初，全球尤其是西方发达国家经历了一个"二战"后20多年的高速增长时期，而中国经济在经历了以上几次运动的折腾，却更加落后了。到了1978年，中国的人口已经增长到9.6亿，但中国的GDP总量按1952年的不变价格计算只有3678亿元人民币，人均GDP也只有347元人民币，折合当时的美元仅为215美元。

尽管这28年间中国的GDP总量看起来是翻了5.4倍，但从世界上横向来比，中国经济整体上不是进步了，而是大大倒退了。按照国家统计局新近（2019年7月）的计算，到1978年，具有9.6亿人口且占全球1/4人口的中国的GDP，只占全世界的GDP总量的1.8%，比1952年的份额还下降了很多。当时，中国的人均可支配收入，只有171元人民币，比整个非洲国家的人均GDP平均水平还低。按照国家统计局的官方数字，在1978年，有超过7.7亿中国大陆居民生活在联合国给出的贫困线标准以下，中国农村贫困发生率竟高达97.5%。

这些数据表明，经过28年的计划经济体制实验，尤其是经过1958年的"大跃进"、1960年开始的三年自然灾害和1966年开始的十年"文革"动乱，中国经济几乎到了崩溃的边缘。对此，我们这一代人亲身经历，耳闻目睹，感知其深。

中华人民共和国成立70年的历史充分证明，前30年的计划经济的体制实验，在今天看来基本上是失败的，用英文讲，是"Infeasible"，即不可行的。从20世纪后半期世界各国经济发展的历史轨迹横向比较来看，计划经济的体制实验，带给中国人民和苏联及东欧各国人民的经济后果，确实是灾难性的。这也成了20世纪60年代之后，苏联、东欧各国、中国和越南等社会主义国家进行经济体制改革和社会转型的根本起因。

1978年之后，中国开始了思想解放运动，接着进行了市场化改革和对外开放。尤其是到1994年之后，中国基本确立了建立社会主义市场经济体制的发展目标。随后，中国经济迅速崛起和起飞。在1994年，中国的GDP总量按照2018年的不变价格计算才1.1万亿元人民币，到2000年，则快速增长到1.86万亿元。尤其是在2001年底中国加入世界贸易组织之后，中国经济有了近20年的高速增长。2010年，中国的GDP总量达到41.2万亿元人民币，先后超过意大利、英国、法国、德国和日本，在美国之后，中国的GDP总量多年来已经稳居世界第二。

近三年，中国的经济总量连续跨越70万亿、80万亿和90万亿元的大关，2018年达到90.03万亿元，占世界经济的比重接近16%。按不变价格计算，2018年国内生产总值比1952年增长175倍，年均增长8.1%；其中，1979—2018年年均增长9.4%，远高于同期世界经济2.9%的年均增速，对世界经济增长的年均贡献率，这40年平均为18%左右，尤其是近几年，中国经济增长对世界GDP增长的拉动，均高达30%以上。2018年我国人均国民总收入达到9732美元，已经高于世界上的中等收入国家平均水平。

2000年之后，中国的制造业总量也接连超过意大利、英国、法国、德国、日本，到2010年，中国则超越美国，而成为世界第一制造业大国。目前，中国已有200多种工业品产量居世界第一，制造业增加值自2010年起已经稳居世界首位。2018年，我国原煤产量为36.8亿吨，比1949年增长114倍；钢铁产量11.1亿吨，占世界钢铁总产量的50%以上；水泥产量22.1亿吨，占世界总产量的55%以上。2017年中国汽车销量已是2888万辆，而美国是1725万辆，日本是523万辆，德国是344万辆。这样中国汽车的一年产销量，比美、德、日三国的总和还多近300万辆。

2018年末，我国铁路营运里程达到13.1万公里，比1949年末增长5倍，这应该说不算多。但是，近几年高速铁路达到2.9万公里，占世界高铁总量60%以上；公路里程485万公里，比1949年末增长59倍，其中高速公路从无到有，2018年末达到14.3万公里；定期航班航线里程838万公里，比1950年末增长734倍。

概言之，自1978年改革开放以来，随着市场经济体制形成和民营经济的崛起，以及外资的大量进入，中国经济在短短的40多年中迅速起飞。2018年，按美元汇率现价，中国的GDP已经达到13.6万亿美元，稳居世界第二。

尽管目前中国的GDP总量和制造业总量差不多都在世界前列，但是相对于中国14亿人口，中国的人均GDP在世界上的排名还不高。按2018年末的汇率计算，中国的人均GDP还只有9732美元，在世界上的排名还在第77位。尤其是中国居民的可支配收入还很低。

按照国家统计局最新发布的统计数据，1956年，全国居民人均可支配收入仅为98元，人均消费支出仅为88元。由于自20世纪50年代到1978年人口增长快，积累和消费关系不合理等原因，1978年全国居民人均可支配收入也仅为171元，人均消费支出为151元。

1978年改革开放以来，中国经济持续快速发展带动城乡居民收入水平不断提升。尽管改革开放后中国家庭的人均可支配收入有了大幅度的提高，但是与世界发达国家相比，我们还有很大差距。

按照一些国际组织的数字换算，2018年，中国人均可支配收入只有3436美元，占GDP的比例是39%。而美国人均收入支配是39192美元，整整比中国多11倍，占GDP的比例则高达69%。

另一个鲜明的例子是，2016年美国官方贫困标准是：单身收入低于11880美元属于贫困家庭。而中国上海是中国人均可支配收入最高的城市。2018年上海的人均可支配收入为64183元人民币。这个收入几乎还达不到美国的家庭贫困线标准。这些数据表明，中国居民家庭的实际生活水平，与西方发达国家还有很大差距。

从这个意义上看，尽管中国经济在改革开放后短短的30多年的时间迅速崛起了，目前中国已经成为世界上名副其实的第二大经济体，但我们与世界上的许多发达国家和新兴市场经济国家和地区相比仍然有不小的差距，尤其是广大农村和西部不发达地区。

要看中国经济的崛起，还是应该在世界历史的大背景中来看中国过去40年的增长。从人类社会发展史来看，真正意义上的经济增长，或称为现代经济增长，是在人类社会进入了工业革命后才发生的现象。

按照许多经济史学家的研究，尤其是当代世界伟大的经济历史数据考证与分析专家安格斯·麦迪森（Angus Maddison）的世界经济史数据的推算和估计，从公元前1000年到1800年这两千多年的时间，无论是在东方，还是在西方国家，人均GDP基本上都没有发生多大变化。只是到14—15世纪，威尼斯才开始了一些经济增长，到了16—17世纪，荷兰经济开始工业革命前的增长，到了17—18世纪，英国的人均收入才有了一定的提高。而在19世纪20年代后最早在英国、欧洲其他国家以及美国产生了工业革命后，才有了现代经济增长。

人类进入现代社会之后，西方各国经历了两个快速经济增长时期。一是第一次工业革命和第二次工业革命之后，即从1820年到1913年。这一期间，大英帝国崛起时经济平均增速只有2%左右，随后在第一次世界大战后就进入了"英国病"的停滞时期，中间还经历了1873年到1896年的第一次世界性的大萧条。同一时期，法国的GDP年增速平均在1.5%上下。德国统一后，经济崛起比较晚，但经济增速相比英法稍微高一点，平均GDP年增速超过2.5%，但德国的经济增长被两次世界大战的战败打断了。经历了第一次和第二次工业革命而有一段时期超过4%的相对"高速增长"的，只有美国和加拿大。

从这个世界近现代历史的大背景来看中国过去70年的经济增长轨迹，就比较清楚了。按照已故荷兰著名经济学家安格斯·麦迪森先生《世界经济千年史》的估计，单从世界上一些大国的GDP总量占世界经济的份额来看，在1500年明代弘治中兴时期，中国的GDP占世界的份额大约为24.9%；到1600年，即万历二十八年，中国的GDP占全球的份额大约上升到29%；到1700年，即康熙三十九年，中国的GDP下降到22.3%；到1820年（道光年间），中国的GDP占全球的份额攀升到最高水平，占全世界的32.9%。许多经济史学家都认为，这一时期，中国一个国家的GDP比整个西欧所有国家的总和还多。

但是，到了1870年之后，中国经济在两次鸦片战争、太平天国运动和捻军起义的冲击下开始衰落。但是，到1870年，中国的GDP仍占全球的17.1%。之后，在经历了甲午战争、八国联军入侵和大清王朝的倾覆，并经历了北伐战争、民国革命和民国初期的军阀混战，到1913年，中国的GDP仍然占全球的8.8%。乃至到1952年，中国经历了十四年抗战和三年解放战争，当时GDP的份额仍占5.5%（这是世界银行的数据）。

相比欧美各国在第一次和第二次工业革命时期的中速增长，乃至相对两次大战后日本和"东亚四小龙"在20世纪50年代到70年代经济的相继高速增长的"起飞"，中国作为一个有超过10亿人口的大国，经济在1978年到2018年这41年中，扣除价格因素，GDP增长了36.7倍，年均增速为9.4%，正好与我国台湾地区1962—1996年的35年年平均经济增速差不多。

但是考虑到中国大陆地区是一个有着14亿人口的大国，能有超过40年GDP年的"超高速增长"（不像我国台湾地区只有两千多万人口的一个相对小的经济体），这本身说明改革开放后的中国，已经创造了世界经济历史的奇迹。这实际上也说明，在1978年改革开放以后，中国用了短短40多年的时间，走了一遭西方发达国家经过100多年才完成的工业化过程。

概言之，一个具有几千年文明史的中国，经济的真正崛起是在1978年市场化改革之后的事情。这一历史事实也告诉我们，中国只有坚持市场化的发展道路，坚持《中华人民共和国宪法》所确立的建立一个法治化国家的目标，未来才会有稳定的和可持续的经济增长，中国才会有光辉灿烂的未来。

过去四十年中国经济增长的主要动力

上一节内容给出了1978年中国改革开放经济迅速崛起的一些数据和事实。从这些数据和事实中，我们可以看到，经过40年的改革开放，中国经济迅速起飞，在短短的40年间，中国几乎走过了西方国家近代以来所走过的100多年的发展历程。到目前为止，在世界上没人会怀疑作为一个具有14亿人口的中国已经崛起为一个世界经济大国。在中华人民共和国成立七十周年和中国改革开放四十周年的历史关头，我们当认清问题：为什么中国经济在过去40年有如此迅速的增长？增长的动力和贡献因素是什么？弄清了这些问题，也就理解了未来中国当走的道路。

过去40年间中国经济增长的主要原因和动力是什么？在近几年的研究中，我在不少地方曾指出，改革开放40年来中国经济高速增长的原因和动力，大致有以下几点：

第一，中国经济高速增长的奇迹，首先要归因于1978年以来的市场化改革，即有了市场经济，才有中国经济的高速增长。中国经济40年高速增长的过程，也是中国市场化改革过程。

回顾一下1978年以来的改革史，就会发现，我们国家是从计划经济一步步走到市场经济体制的。从一开始，经济学界还讨论计划调节与市场调节，计划经济与商品经济，再到有计划的商品经济。到1993年中共第十四届三中全会通过的《中共中央关于社会主义市场经济体制若干问题的决定》，中国经济才最终确定了发展市场经济的路，随之才有了中国

经济的快速起飞。中国的市场经济发展所带来的增长之路，可见图1和图
2所示。

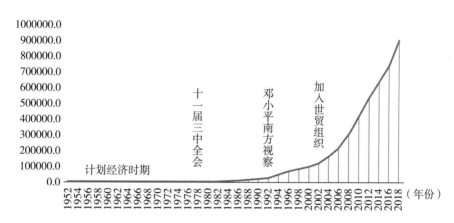

图1 1952年以来的中国经济增长轨迹

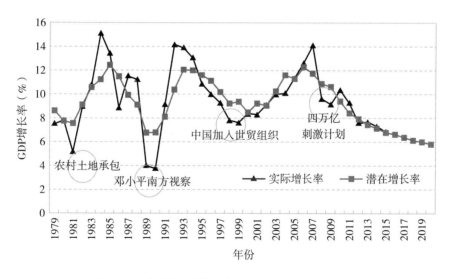

图2 1978年以来中国的三次改革开放与三次经济起飞

从图1和图2中我们可以清楚地看出，在过去40多年中，随着三次

大的改革开放，即1978年的土地承包、1992年邓小平南方视察后的城市国有企业改革和市场经济地位的确立，以及2001年中国的入世（加入WTO），接着便发生了三次高速经济增长。无论是经济总量还是年增长率增长轨迹，都清楚表明了这一点。

根据上述证据和多年的研究，这些年来，我利用一切场合在讲，在人类历史上所能发现的三种资源配置方式——自然经济、计划经济和市场经济中，市场经济是人类社会迄今所能发现的唯一能带来快速经济增长的资源配置方式。无论是东方，还是西方，无论是历史上，还是在当代，在自然经济中几乎都没有多少经济增长。

迄今，无论是西方世界在近代的兴起，还是20世纪80年代以来原先中央计划经济国家的改革，都无一例外地证明，唯有在市场经济条件下才有较快速的经济增长。

就此而论，1978年以来中国经济40多年高速增长的奇迹，首先是吃了"市场化改革红利"的结果。有了市场机制，才有企业发展的激励，才有全社会人人发财致富、通过市场交易增加自己的福利的动力，才有无数的企业家崛起，才有政府官员以发展经济为目标，而采取的促进市场化和自己所辖部门和地区的经济增长的政策和措施，才有高速经济增长。没有市场化改革，就没有今天的中国，就没有中国过去40多年的经济奇迹。因此，我们可以从某种程度上把这40年的高速经济增长主要看成是中国市场化改革的结果。

第二，在强调市场化改革在过去40多年经济高速增长奇迹中的作用的同时，我们也绝不能否定和忽视中国政府在市场中的作用。在"文革"后期，当整个社会意识到计划经济不是人类社会的一个可行的资源配置体制这一共识逐渐达成之后，中国政府的政策措施也发生了变化，中国政府从不断放松对市场经济的管制和压制，到各级政府把发展市场经济作为自己的首要目标。从而，各级政府自1994年起就是市场经济发展和成长的巨大的推动力量。

事实上，中国各级地方政府竞争，更重要的不是在招商引资方面的竞争，而是在市场化改革方面的竞争。正是各级和各地政府在市场化改革方面的竞争和各种有利于市场发展的措施的推出，才在过去40多年中形成了今天中国所独具特色的市场经济体制。

当然，这种中国各级政府和几乎所有政府官员都投入发展市场经济的极其独特和极其罕见的历史现象，既推动了中国经济过去40多年的高速增长，也带来了种种经济与社会问题，而最主要的社会问题莫过于政府官员大面积地腐败、社会收入分配和社会财富占有上的差距急剧拉大、环境污染和生态破坏，等等。

从一国经济的历史发展阶段来讲，投资的下降，在市场化条件下应该是企业自己的事：当投资回报率下降了，企业不赚钱了，新的投资机会和行业越来越少了，房地产的一轮发展饱和了，中国的投资率自然会下降。当中国的外贸出口机会越来越少、越来越难的情况下，外贸出口的增速也自然停止增长乃至下降。如果政府的职能和在经济增长中的作用转变了，中国的经济增长方式自然会转变，中国经济的增速也会降下来一些，但社会将会更安定和更和谐。这样我们国家才会慢慢建成一个良好的市场经济秩序。

第三，中国改革开放后40年的高速增长，与中国引入市场机制后，中国民营企业的高速发展和快速成长密不可分。尤其是在1994年大规模的国有企业民营化之后，中国民营经济高速增长。

按照市场监督管理总局的数据，截至2017年底，我国民营企业数量超过2700万家，个体工商户超过6500万户，注册资本超过165万亿元。民营经济占GDP的比重超过了60%，撑起了我国经济的"半壁江山"。

同时，民营经济也是参与国际竞争的重要力量。概括起来说，民营经济具有"五六七八九"的特征，即贡献了50%以上的税收，60%以上的国内生产总值，70%以上的技术创新成果。按照全国工商联统计，城镇就业中，民营经济的占比超过了80%，而新增就业贡献率超过了90%。

按照《财富》发布的世界500强数据显示，2016年入围的民营企业数量由2015年的6家增至16家。在中国企业联合会发布的中国企业500强中，民营企业的数量在2011—2016年的六年间不断增加，从184家增加至205家，占比由36.8%提高至41%。从2016年8月全国工商联发布的"2016中国民营企业500强"名单来看，民营企业500强入围门槛为101.75亿元，跨过百亿元大关。单从这个方面看，中国经济高速增长的时期，也就是民营经济迅速发展和成长的时期。

第四，过去40多年的高速增长，尤其是2001年中国加入WTO后的高速经济增长，与中国的对外开放和外资的大量进入密不可分。20世纪下半叶以来相对和平的国际环境，尤其是随着20世纪80年代后网络时代的来临而发生的世界经济的全球化过程，又为中国经济快速增长提供了一个前所未有的历史机遇。

在中国经济起飞的20世纪80年代，在具有巨大优质劳动力人口的大国，尤其是在中国各级和各地政府"亲发展"和竭尽全力招商引资的政策的吸引下，外国直接投资尤其是中国港台地区、新加坡和其他海外华人资本和企业大量涌入，为过去40年里中国经济的起飞提供了第一级的助推火箭。在外资进入所带来的现代制造业技术、现代企业组织和企业制度示范效应影响下，一大批民营企业也迅速崛起，共同推动了中国外向型出口经济增长模式的形成和发展。

中国2001年加入WTO这一标志性事件，又成了过去近20年中国经济快速起飞的二级助推火箭。根据国家统计局的数字，从2001年中国加入世界贸易组织后的10多年中，中国的外贸净出口占GDP的份额平均为3.3%，后来有所下降，近几年（2011年之后）甚至贡献率为负，但这绝非意味着，加入WTO后的出口高速增长对经济快速增长的作用并不大或不重要了。相反，中国外向型经济形成和外贸出口的快速增长是过去20多年中国经济起飞的最大和最主要的贡献因素，其贡献度可能比基础设施投资增加的贡献还要大。

根据上述判断，这几年我一直认为，在21世纪初，世界经济全球化加速进行，为中国经济的迅速起飞提供了的一个千载难逢的历史机遇。中国迅速加入了全球制造业分工，融入世界经济体系，结果是不但中国的外贸出口超高速增长，直接通过出口总量的迅速扩大贡献了中国过去20多年经济的起飞，而且通过进口和FDI（国际直接投资），拉动和带动了中国与外贸出口有关的民营乃至国有企业巨量投资，以及各级和各地政府遍地铺开的开发区、产业园、科技园、保税区建设投资，以及港口、机场、造船、物流、高速公路以及通信网络、互联网建设等与外贸出口直接相关的基础设施投资，最终在整体上极大地贡献了中国的经济增长。

尽管这里没有时间做分行业的估算和统计，但是，直观判断可以告诉我们，中国经济全球化和外贸出口快速增加本身以及有与外贸出口有关和直接拉动的产业投资、科技投资和基础设施投资，要比国内仅与民生有关的净投资和政府公共设施（包括建政府大楼、大学校园、科研机构、商业大楼所引致的投资）对中国过去20多年GDP快速增长的贡献度还要大。一句话，没有过去外贸出口的20年的快速增加，就没有过去20多年的快速经济起飞。

第五，中国经济过去40年的高速增长，也与计划经济30年中国经济的低发展水平和不发达密不可分。上一节我们已经指出，经过28年的计划经济实验，到1978年，中国的国内生产总值GDP只有3678亿元人民币，人均GDP也只有347元。从如此低的经济发展起点出发，才有高速的40年的增长。

换句话说，到1978年，中国经济的落后，意味着巨大的发展空间和巨大的后发优势。一旦在改革中引入了市场经济机制，加上一个自上而下的具有强烈赶超愿望的政府的促动和推动，外资进入、民营经济的迅速发展，才有过去40年的经济奇迹。也正是因为中国经济是从一个到1978年人均GDP只有347元的低位开始，即使有40年超过9.4%的年均GDP增速，目前中国的人均GDP也只有9732美元，与西方国家和东亚四小龙国家和地区还有很大差距。对此我们也要有清醒的认识。

第六，中国经济过去40年的高速增长和中国经济奇迹的发生，与中国人的经商精神和工匠精神密不可分。2006年在哈佛大学访学期间，笔者曾讨论了中国人的经商精神与中国的经济增长之间的关系，写出了我的《哈佛书简之四：破解中国经济高速增长之谜》。

通过综合讨论经济学家的关于中国经济近40年的快速增长的"要素贡献说"，以及张五常先生的"中国的市场制度最优说"、香港大学的高登·雷丁（Gordon Redding）教授以及波士顿大学的著名社会学家伯杰（Peter Berger）教授前些年所提出的"华人资本主义精神（The spirit of Chinese capitalism）说"，以及英国阿尔斯特大学（University of Ulster）荣誉教授、社会心理学家理查德·林恩（Richard Lynn）所提出的"中国人智商最高，因而一旦中国人解除了制度的约束，中国经济的高速增长和中国在21世纪的崛起是必然的"说，笔者当时得出以下结论：

"如果把这三种解释串联起来看，或者说把三者叠放在一起来考虑，也许我们就能大致把握得住这些年中国经济高速增长的内在脉搏了。之所以这样说，是因为，以上三种乍看来互不相干的理论解释，实际上是有着某些内在关联并从精神上在某些方面是相通着的。具体说来，正是因为中国人的智商高，改革开放后一大批中国的企业家、管理者、生意人、营销员以及生产者才会有超强的经营头脑、精明的商业意识以及令人赞叹的'craftsmanship'，即工匠精神，才会在竞争激烈且正在走向全球一体化的国际市场中不断增强中国产品和劳务的竞争力。也正是因为智商甚高的中国企业家、管理者、生意人和生产者有着如此精明的商业意识和精确判断商机的经营头脑，他们才会在中国四分之一多个世纪的经济改革开放的历史际遇来不断发展自己的企业，创建自己大大小小的'生意王国'，从而不但走出家门、省界，而且走出国门，勇敢地参与国际分工和国际竞争。在近些年中国渐进的社会体制变迁过程中，这些有着高智商的企业家、生意人、营销员和生产者，既是体制转轨的获利者，也是当下中国工商业惯例和规范的实践者，从某种程度上来说，他们也是现实市场制度安排的创造者。在与政府官员的行政干预并与其他竞争对手与合作伙伴的市场交易的社会博弈中，他们不仅不断成长并壮大了自己的企业和生意王国，实际上也同时创生了当下中国市场运行的市场秩序和博弈规则，因而，从这种意义上来说，这千百万在中国大陆各类企业中实际经营和成长着的企业家、生意人、管理者和生产者，正是张五常先生所判断的那种'目前中国最合宜的种种市场制度规则'的创造者。"

在那篇"破解中国经济高速增长之谜"发表十几年后，笔者目前仍然相信，过去40年中国经济增长的奇迹，是中国人的经商精神和工匠精神所创造的。即一旦中国人通过改革开放解除了政府对市场经济发展的制度约束，中国经济的崛起就是一个自然和必然结果。

另外，根据林毅夫教授的研究，在两次大战后，在全球13个GDP年增速连续25年超过7%国家和地区中，就有4个是华人国家和社会，还有长期以来受儒家文化影响的日本、韩国、马来西亚、泰国等，也从另一个方面佐证了我的这一判断。这一判断目前显然无法精确地用计量方法进行验证，也很难进行因果的理论解释，但两次大战后世界经济发展的事实无疑表明了这一点。

未来中国经济发展的方向

在前两节中，我们分别讨论了过去40年中国经济迅速崛起的事实，以及中国经济高速增长的原因和贡献因素。在这一节中，我将与大家谈一下中国经济的未来发展趋势。

从世界历史的大背景中梳理了过去40年中国经济高速增长的原因和贡献因素，大致也就能判断中国经济的目前发展阶段和未来的增长趋势了。

自2012年开始，中国经济增速一直在下行。实际上，从2007年开始，中国经济的潜在增速已经开始下降了。2007—2008年全球金融风暴后，为了应对全球金融风暴和世界经济衰退对中国的冲击，中国政府推出了4万亿的刺激经济计划，导致了中国经济在其后数年中保持了8%以上的增速，但这也为中国经济留下了诸多的问题。

其中主要是企业和地方政府债务高企，中国各行各业的产能过剩，资本回报率下降，企业亏损，经营困难，无力偿还银行贷款，等等。自2012年开始，中国经济增速开始了下移，PPI（生产价格指数）连续54个月为负，这实际上意味着中国经济已经四年多处在"增长中的不景气"。2016年下半年以来，决策层开始采取宽松的货币政策，并加大基建投资，想以此来确保经济增速，中国经济在2017年增速也确实有些企稳。

但是，这改变不了中国经济的潜在增速下移的大趋势。这几年我一直认为，随着中国经济渐进成长为一个"成熟的经济体"，随着中国进入中等收入国家行列，在未来10到20年的时间，中国经济增速还将继续下移。

不过，我这里要指出的是，即使在未来中国的经济进入一个中速增长时期，对于一个GDP总量超过13.6万亿美元、人均GDP超过9700多美元，以及外贸出口超过2万亿美元的大国来说，能有一个超过5%以上的年GDP增长速率，无论是放到第一次工业革命以来百余年的近现代历史上来看，还是放到当前的国际环境进行横向比较，都仍将是一个很高的经济增速。

从当代世界经济史来看，中国经济增速下行到一个中速增长时期，并不是一件可怕的事，甚至是正常和自然的事情。从人类近现代历史和当代历史上来看，一段时期人均GDP超过8%的超高速经济增长，主要发生在一些后来崛起的"赶超型"的国家和经济体。

按照林毅夫教授最近几年的研究，第二次世界大战后，除1978年改革开放之后的中国外，保持平均经济增速在7%以上持续时间超过25年的国家和地区，只有日本、韩国、新加坡、印尼、马来西亚、泰国、巴西、马耳他、阿曼和博茨瓦纳，中国台湾、中国香港地区等经济体，而主要大的经济体又大都在亚洲，尤其是在东亚。例如，从1950年到1973年，日本的GDP年平均增速为9.27%；我国台湾地区从1962年到1996年有8.8%的35年高速增长；韩国从1971年到1996年有25年的超过9.1%的高速增长；新加坡从1976年到1997年平均年GDP增速也高达8.2%；中国香港从1974年到1988年GDP增速为8.2%。

一个值得特别注意的现象是：这些亚洲尤其是东亚的"后发赶超型"的经济体的高速增长时期，都与这些国家和地区采取的出口导向的经济发展策略相关。在经历了20—30年的高速经济增长而完成了各自的工业化过程之后，几乎这些赶超型国家和地区无一例外地都经历了一个经济增速"下台阶"乃至增速减半的过程。

譬如，日本从1974年到1992年经济增速只有3.7%，比1950年到1973年的高速经济增长时期的增速下降了一半还多。从1993年之后到2009年，日本经济的增速又下了一个很大的台阶，年平均增速只有0.85%。韩国经济从1997年到2012年的年平均增速大约只有4.3%，比1971年到1996年的高速增长时期的增速下降了差不多一半。我国台湾地区经济从1995年到2012年平均增速也只有4.3%左右，也比之前的高速增长时期的增速下降了一半多。香港地区经济从1989年到2012年的平均增速只有4.0%上下。这一期间，新加坡的经济增速应该最高的，从1997年到2012年在5.3%左右。

这些有着"后发优势"和"出口导向型"的亚洲经济体增长的历史经验说明，在经历20—30年的超高速经济增长而完成了各自的工业化过程之后，经济增速不是逐渐地下行，而是突然下一个台阶，再下一个台阶，最后经济增速下降一半左右或者更多。

在世界各国近代和现代经济增长的大背景中来看中国经济增长，我们就可以大致把握中国经济增长的大趋势了。

在经历了30多年的超高速经济增长之后，自2012年第4季度开始，中国经济增速开始下移，先是2013年降到7.8%，到2014年则进一步降到了7.4%。2015年下降到6.9%，2016年之后几乎每年下行，到2018年进一步下降到6.6%。

为什么中国经济增速持续下行？我个人认为，可能有以下几个因素导致中国经济增速下行：

第一，从中国经济的市场改革过程来看，经过40年的改革开放，中国经济的市场化程度已经很高，不但中国的民营经济是全市场化运作，中国国有企业多年来也是在市场竞争中成长和发展，连中国政府的行为也在很大程度上是市场化运作了。对中国经济整体而言，吃市场化改革的红利到目前为止已经差不多吃尽了。

从这种意义上来说，中国经济已经进入了现代市场经济的"新常态"，因而现代市场经济的一些基本法则也会在中国这个"新兴的"市场经济国家开始起作用，这其中包括产能过剩、通胀、通缩，也将会出现繁荣、衰退、萧条和复苏的经济周期。

从中国经济的对外开放度来说，到目前为止，中国经济可能比任何国家都更加深入地融入了全球分工体系。根据IMF的数据，中国早在2009年就已经成为世界第一出口大国，当年出口总额为1.2万亿美元。2013年，中国的出口规模达到了2.2万亿美元，超出了美国40%，甚至比德国、日本两国出口总和还要多出400亿美元。2014年，按美元现价计，中国的进出口总值4.30万亿美元，同比增长3.4%，其中出口2.34万亿美元，同比增长6.1%；进口1.96万亿美元，同比增长0.4%。尽管这几年外贸进出口增速和总额都有所下降，但是，目前中国的外贸依存度（进出口总额比GDP总量）仍然为41.3%，出口依存度已经下降到20%以下，但就世界范围来看，仍然是世界上很高的国家之一，仍然高于美国甚至日本。

就此而论，像中国这个有着近14万亿美元GDP总量、出口超过2万亿美元（出口占全球份额达12.2%）的大国，不可能再像过去20多年那样靠进一步高速出口增长来维持经济增速了。如果再期望中国经济未来10年乃至20年再保持过去20年的外贸出口增速，那全世界的制造业产品可能都要靠中国一家来生产了，这在理论上和现实中都是不可能的。从这个维度来看，中国过去20多年以出口为导向的制造业的快速发展所造成的产能过剩，不是短期内所能解决的问题，由此也决定了中国经济增速的下行。

在中国外贸出口增速乃至出口总量连续下降的情况下，从2018年，美国特朗普政府又对中国开展了全面的贸易战，对中国出口到美国的商品连续增加关税，并从各方面挤压中国。这将会对中国经济产生多方面的不利影响，其中包括：

一、中国出口日用消费品竞争力正在逐渐丧失，其他国家的产品可以替代中国的产品进口。中美发生贸易战，对中国的外贸出口影响更是雪上加霜。

二、近几年中国外贸出口的下降，会拖累中国经济增速的下行。鉴于外需变化通常会带来投资、就业、消费需求等的"联动"，中国的内需也会受到影响。

三、中美贸易战发生之后，一些外资出现撤离的现象。最近调查发现，40%以上的美国公司想把在中国的生产基地转移到其他国家。许多日本、欧盟、韩国、新加坡和我国台湾地区的企业也有同样的遭遇和想法。

四、中国的民营企业家也开始向东南亚和其他国家转移生产线，这将会影响中国内地的就业和经济增长。

综合上述种种因素，未来中国的外贸出口实在不乐观，这也会较大地影响未来中国的经济增长。

第二，中国经济能否再像过去20多年那样靠政府推动的基础设施投资的高增长来维系一个高增长率？是否靠进一步的城镇化来孕育未来的高速增长？现在看来这都是问题。从中国目前的城镇化率来看，相比世界发达国家，我们确实还有很大的增长空间。但是要看到，中国是一个超过14亿人口且幅员辽阔的大国，是否一定会走西方发达国家的城镇化的道路？是否在未来某个时期中国的城镇化率会像西方发达国家那样达到80%乃至90%人口比例？

这几年笔者一直在讲，回顾人类进入近现代社会的大范围的世界史，我们会发现，各国的城镇化都是工业化的一个结果，而不是原因。就此而论，中国经济经过过去30多年的高速增长，已经大致完成了现有科技革命发展阶段中的工业化过程，到了这一轮工业化的中后期（其表现是中国几乎所有产业的产能过剩），那么未来中国的城镇化过程只会减速而不会加速。

因此，恐怕在可预见到的20—30年时间，中国的城镇化率很难再快速提高，更无法想象会达到西方发达国家那样超过80%的城镇化率。如果未来中国的城镇化在减速，中国的基础设施经过最近20多年的超高速增长，已经有了很大改善，这方面的投资也会自然下降。

高铁、高速公路、机场、码头乃至地方政府所推动的各城市的基础设施方面的投资，也会因地方政府巨额负债和融资困难有所减缓。况且，目前中国的高铁、高速公路、机场、码头、地铁、城市广场、绿地、公园、政府机关大楼也差不多是世界上最好的了，以致一些地方政府再想投资，也不知道投到什么地方了。就此而论，未来基建投资增速也会下降。

另外，必须看到，尽管近几年中国的投资增速在下降，但这绝非意味着中国的投资总量在下降。按照国家统计局的数字，这几年中国的全社会固定资产投资一直居高不下，2016年为65万亿元人民币，2017年64.1万亿元，2018年63.7万亿元。

整体计算，从2012年到2018年这七年间，中国全社会的固定资产投资完成额就高达382万亿元，固定资产完成额占GDP的比重都在80%以上，即现在中国的每1元GDP，就有8毛多钱的固定资产投资。结果，这些年，中国固定投资的效率越来越差。现在，中国经济的边际资本产出率越来越差，已经达到6元以上，也就是说，现在要增加1元GDP，整个国家要追加6元的投资。这种状况和经济增长模式显然不能继续下去了。再这样下去，只会加杠杆，增加风险，最后导致金融危机和大萧条。

第三，如果按照奥地利和美国经济学家熊彼特的商业周期理论，近现代以来，世界各国的每一轮高速经济增长都是一轮大的科技革命的结果，那么，由于过去30多年中国经济的高速增长，实际上是中国经济的市场化后补了第二次工业革命的课并赶上了第三次科技革命的末班车的结果。中国经济到了这一轮工业化的中后期，这意味着第二次工业革命和第三次科技革命的红利，中国在过去20多年也差不多吃尽了，因而目前中国大致同其他发达国家已经在同一个增长的起跑线上，也面临同样的发现新的经济增长源问题。

在新一代能进一步改变人类生存和生活方式的大的科技革命到来之前，中国经济与其他发达国家的经济体一样，都面临着同样的产能过剩、增长机会减少、市场空间有限和增长动力不足的问题。这也决定了中国经济增速可能像1973年的日本，20世纪90年代中期后的韩国、新加坡一样经济增速下一个台阶的情形。这似乎是一个不可改变的自然趋势。

就此而论，最近中国政府强调靠创新驱动来促进未来的经济增长，大方向是对的。但是受人类科技知识发展约束的局限，下一轮能改变人类整个生活方式的科技革命究竟是什么？是否人类社会正在酝酿着以新材料、新能源、纳米技术、生物工程、新的通信和沟通技术乃至新的商业模式所整合在一起第四次科技革命？目前看来还不是很清楚。

在第四次科技革命真正来临之前，发达国家的经济尽管有复苏乃至有恢复性的增长，一些新兴市场国家也会有超过5%的中高速增长，但一拨全球性高速经济增长时期在未来可预见的时间可能并不会出现。

就此而论，中国经济正在进入一个中高速乃至中速增长时期，应该是自然而然的。中国政府领导人提出的中国经济发展正在进入"新常态"，经济增速会走"L"型。这是符合中国经济发展阶段的理性判断的。

现在关键的问题是，如果我们已经认识到中国经济在未来10—20年的时间正在进入中速增长时期，那么，从政府决策层到全社会都要有这样足够的思想准备，即使未来中国经济增速下行到7%、6%，甚至5%以下，也不必惊慌失措，也不在慌乱地再靠政府的强宏观刺激政策来维持一个本来就不能维持的超高速增长。

如果采取合宜的国家发展战略和政策选择的话，在未来10—20年，即使中国经济经历一个中高速乃至中速增长时期，中国经济成为世界第一大经济体，中国的人均GDP慢慢进入高收入国家行列，完全是可期的。

第四，未来中国经济是否还能靠房地产的繁荣来维持高速增长？我认为也不大可能了。按照中金公司和西南财大甘犁教授的团队的研究，到2017年，中国城镇居民的人均住房套数平均已经达到1.16套，即一个三口之家，大约有3.5套房子。中国城镇居民的住房面积也超过了36平方米，自有房率达到了90%以上，空置率已经超过了22%。加上这几年中国的人口出生率一直下降，老龄化加速，中国的房地产业的发展已臻顶峰，开始下降。

如果政府在未来几年中开征新的房地产税，更会对中国的房地产业产生巨大冲击。由于目前房地产业创造的产值占中国GDP份额一直在8%以上，房地产及其相关部门贡献了超过8000万人的就业，如果房地产业的发展已经臻于顶峰，并开始下降，即使不出现大的房地产业的萧条，对未来中国经济的增长也会产生不利影响，会导致中国经济增速进一步下移。

最后，除了投资、消费、外贸净出口、全要素生产率、资本投资回报率这些经济增长的纯经济学的分析之外，这些年来，笔者一直相信，市场化改革开放后一大批民营企业家的崛起，是中国经济这些年高速增长的一个重要的贡献因素。

然而，经过改革开放后40多年的经济发展和企业创业和运营，老一代民营企业家陆续到了退休的年龄，加上这些年中国经济成长为一个"成熟经济"后，赚钱和创业的机会减少，再加上国际上的竞争越来越激烈、企业负债沉重、税收负担极重、做实体企业基本上赚钱难乃至亏损，加上一些政府官员腐败等因素，在未来十到二十几年时间，还有多少现有民营企业家的子女是愿意接棒父辈创建企业而继续经营，并成功地扩大自己的生意王国，而不是把资产转移到国外？这已经是一个显露出来的问题。在未来的中国能否有新一代企业家的成批出现，守业、创业和开始新的创新过程，也直接决定着未来的中国经济增长。

中国经济经过40年的高速增长，增速下行乃至下移到一个中速增长的台阶，说来并不可怕，也是自然的和正常的。

可怕的是认识不到这一经济发展的大势，仍然想用更大规模的投资和各种宏观刺激政策来维持已经不可维持的"虚的"、低效率的乃至浪费型的高增长。

如果是这样的话，我们付出的代价或将是一场大的和长时段的经济衰退。这是每一个中国人乃是全世界都不愿意看到的结果。

后　记

　　这本书是在"中读"APP精品课"谁在争夺世界经济的铁王座"的基础上完善而成的。纸刊时代,《三联生活周刊》的记者们为了一个选题付出的诸多努力,化为纸刊上的重要报道,但出版后,这些精彩内容却受制于杂志的"时效性"概念,而被逐渐淡忘。"中读"这个脱胎于老牌杂志社的新媒体品牌,则致力于把整个知识生产过程大量的背景阅读、信息采访都掰开来给大家看,满足大家在新场景下的求知需求。

　　策划"谁在争夺世界经济的铁王座"这个选题的缘起,是因为2018年以来新一轮中美贸易争端又起,给世界经济局势带来极大的不确定性和不稳定性。在观察和思考贸易战这个热点话题的时候,我们想到,能否通过回顾和梳理世界经济格局的变迁史,以史为鉴,对当下和未来的世界格局建立起一个更立体更有层次感的认知。这正如经济史学家李伯重老师在总序中所引用的一句话:"只懂得一个国家的人,他实际上什么国家都不懂。"

　　我们邀请了《三联生活周刊》的特约撰稿人刘怡来做框架策划和导读,在讨论过程中,他提到了保罗·肯尼迪的《大国的兴衰》,我本人也是国际政治学专业出身,此书乃是我上学时的必读书目之一,思路一拍即合,于是课程框架很快就确定下来了,以曾经影响世界格局的具体的国家作为切入点。方案最终能够落地,要归功于课程编辑汤伟、李南希和付婷婷，他们在负责音频制作的编辑张昊的配合之下，完成了整个课程的详细策划、采录，以及音频与文案的后期制作；设计、运营和市场团队也分别从各自的专业角度为课程提供了诸多建设性意见，并执行了相应的工作。总之，精品课能够顺利上线，是我们团队的成果，是合作的结晶。

但是，音频上线还不是我们的终点。经过中读出版总监段珩与现代出版社资深编辑张霆老师的讨论，我们希望能把课程内容发展成为一本经得起推敲和阅读的精品图书。在我们看来，这不是快餐化的副产品，正如"中读"品牌所界定的，旨在向大众提供一种介于流行普及阅读和专业学术阅读之间的中层读物，真正做到把新媒体高效便捷的创新能力和传统出版深入扎实的优势相叠加，为读者提供升级迭代的知识内容。因此，除去音频课程的主线，我们又邀请主讲人重新做了文字加工和审订。

对于深度内容生产来说，不同产品形态的开发实际上促进了整个原创内容的生产，这正是我们工作的价值所在。

中读内容总监 俞力莎

延伸阅读

李伯重——综述：大国的兴衰

[1] 李伯重：《火枪与账簿：早期经济全球化时代的中国与东亚世界》，北京：生活·读书·新知三联书店，2017。

[2]（美）保罗·肯尼迪：《大国的兴衰：1500—2000年的经济变迁与军事冲突》，王保存、王章辉、余昌楷译，北京：中信出版社，2013。

[3]（美）威廉·麦尼尔：《竞逐富强：公元1000年以来的技术、军事与社会》，倪大昕、杨润殷译，上海：上海辞书出版社，2013。

[4]（美）菲利普·霍夫曼（Philip T. Hoffman）：《欧洲何以征服世界？》，赖希倩译，北京：中信出版社，2017。

[5]（英）罗伯特·C. 艾伦：《全球经济史》，陆赟译，南京：译林出版社，2015。

刘景华——威尼斯共和国：最早的资本主义之国

[1]（英）克劳利：《财富之城：威尼斯海洋霸权》，陆大鹏、张骋译，北京：社会科学文献出版社，2015。

[2] 江晓美：《水城的泡沫：威尼斯金融战役史》，北京：中国科学技术出版社，2009。

[3] 尚洁：《中世纪晚期近代早期威尼斯贵族政治研究》，武汉：武

汉大学出版社，2013。

[4]（法）费尔南·布罗代尔：《十五至十八世纪的物质文明、经济和资本主义》，顾良、施康强译，北京：商务印书馆，2018。

[5]（法）费尔南·布罗代尔：《地中海与菲利普二世时代的地中海世界》，唐家龙、曾培歌、吴模信等译，北京：商务印书馆，2017。

[6]刘景华：《西欧中世纪城市新论》，长沙：湖南人民出版社，2000。

[7]刘景华：《走向重商时代——社会转折中的西欧商人与城市》，北京：中国社会科学出版社，2007。

时殷弘——哈布斯堡帝国的称霸图谋与失败：政治经济和地缘战略图景

[1]（英）杰弗里·帕克：《腓力二世的大战略》，周桂银、时殷弘译，北京：商务印书馆，2010。

[2]（英）保罗·肯尼迪：《大国的兴衰》，王保存、王章辉、余昌楷等译，北京：中信出版社，2013。

施诚——荷兰：海上马车夫的黄金时代

[1]（美）亨德里克·威廉·房龙：《荷兰共和国兴衰史》，施诚译，石家庄：河北教育出版社，2002。

[2]陈勇：《商品经济与荷兰近代化》，武汉：武汉大学出版社，1990。

[3]（英）安格斯·麦迪森：《世界经济千年史》，伍晓鹰等译，北京：北京大学出版社，2003。

[4]（法）莫里斯·布罗尔：《荷兰史》，郑克鲁、金志平译，北京：商务印书馆，1974。

[5]齐世荣：《15世纪以来世界九强的历史演变》，广州：广东人民出版社，2005。

［6］（意）卡洛·M.奇波拉（Carlo M. Cipolla）：《欧洲经济史》第1、2卷，北京：商务印书馆，1988。

［7］Hooker, Mark T, *The History of Holland*, London, 1999.

［8］Emmer, Pieter, *The Dutch in the Atlantic Economy, 1500—1800*, Vermont, 1998.

［9］Musgrave, Peter, *The Early Modern European Economy*, London, Macmillan Press, 1999.

［10］Ormrod, David, *The Rise of Commercial Empires: England and the Netherlands in the Age of Mercantilism*, Cambridge, 2003.

［11］Glete, Jan, *War and the State in Early Modern Europe—Spain, the Dutch Republic and Sweden as Fiscal-Military States, 1500—1660*, London, 2002.

［12］Johannes Postma and Victor Enthover, *Riches from Atlantic Commerce, Dutch Transatlantic Trade and Shipping, 1585—1817*, Brill, 2003.

［13］Marjolein't Hart, Joost Jonker and Jan Luiten van Zanden, edited, *A Financial History of the Netherlands*, Cambridge University Press, 1997.

［14］Jan De Vries, *The First Modern Economy, Success, Failure, and Perseverance of the Dutch Economy, 1500—1815*, Cambridge University Press, 1997.

［15］Lucia Coppolaro, Edited, *A Global History of Trade and Conflict Since 1500*, Palagrave Macmillan publisher, 2013.

［16］J. L. Price, *The Dutch Republic in the Seventeenth Century*, St. Martin's Press, 1998.

［17］Jonathan I. Israel, *The Dutch Republic: Its Rise, Greatness and Fall, 1477—1806*, Oxford University Press, 1995.

梅俊杰——法兰西帝国：重商主义的大陆强权

[1]（法）伊奈丝·缪拉：《科尔贝：法国重商主义之父》，梅俊杰译，上海：上海远东出版社，2012。

[2]（德）弗里德里希·李斯特：《政治经济学的国民体系》，陈万煦译，北京：商务印书馆，1997。

[3]梅俊杰：《自由贸易的神话：英美富强之道考辨》，北京：新华出版社，2014。

[4]梅俊杰：《重商主义真相探解》，《社会科学》2017年第7期（人大《理论经济学》2017年第10期全文转载。）

[5]（美）戴维·兰德斯：《国富国穷》，门洪华等译，北京：新华出版社，2010。

[6]罗荣渠：《现代化新论：世界与中国的现代化进程》，北京：北京大学出版社，1993。

[7]（德）迪特·森哈斯：《欧洲发展的历史经验》，梅俊杰译，北京：商务印书馆，2015。

吴征宇——大列颠：霸权国的平衡之策

[1]（德）路德维希·德约：《脆弱的平衡：四个世纪以来的欧洲权势斗争》，时殷弘译，北京：人民出版社，2016。

[2]（美）诺曼·里奇：《大国外交：从拿破仑战争到第一次世界大战》，吴征宇译，北京：中国人民大学出版社，2015。

[3]徐弃郁：《脆弱的崛起：大战略与德意志帝国的命运》，北京：新华出版社，2014。

邢来顺——德国：煤铁之国争雄世界

[1] 邢来顺、吴友法：《德国通史第四卷：民族国家时代（1815—1918）》，南京：江苏人民出版社，2019。

[2] 邢来顺：《德国工业化经济：社会史》，武汉：湖北人民出版社，2003。

[3] 邢来顺：《迈向强权国家：1830—1914年德国工业化与政治发展研究》，武汉：华中师范大学出版社，2002。

王黎——美国：新大陆国家的世界经济霸权之路

[1]（美）哈罗德·福克讷：《美国经济史（上、下卷）》，王锟译，北京：商务印书馆，2018。

[2]（美）斯坦利·L.恩格尔曼：《剑桥美国经济史（第一卷）：殖民地时期》，巫云仙、邱竞译，北京：中国人民大学出版社，2018。

[3] 王黎：《美国外交：理念、权力与秩序——从英国殖民地迈向世界强国》，北京：世界知识出版社，2019。

[4] Jeffery A. Frieden, David A. Lake, Kenneth A. Schultz. *World Politics-Interests, Interactions, Institutions*. W. W. Norton&Company. 2018.

[5]（美）巴里·埃肯格林：《嚣张的特权》，陈邵强译，北京：中信出版社，2011。

于杰——日本：战后崛起与失去的二十年

[1]（美）保罗·沃尔克、（日）行天丰雄：《时运变迁》，于杰译，北京：中信出版社，2018年。

[2]（日）船桥洋一：《管理美元》，于杰译，北京：中信出版社，2017。

[3]（日）都留重人：《日本经济奇迹的终结》，马成三译，北京：商务印书馆，1979。

[4]（美）亚伦·福斯伯格：《美国和日本的奇迹》，北卡罗来纳大学出版社，2014。

韦森——中国：改革开放后四十年中国经济的发展及未来走向

[1]李伯重：《火枪与账簿：早期经济全球化时代的中国与东亚世界》，北京：生活·读书·新知三联书店，2017。

[2]韦森：《中国经济增长的真实逻辑》，北京：中信出版社，2017。

[3]（美）巴里·诺顿《中国经济：转型与增长》，安佳译，上海：上海人民出版社，2010。

图书在版编目（CIP）数据

枪炮、经济与霸权：谁在争夺世界经济的铁王座 /
李伯重等著 . -- 北京：现代出版社，2020.7

ISBN 978-7-5143-8535-9

Ⅰ . ①枪… Ⅱ . ①李… Ⅲ . ①世界经济—经济史
Ⅳ . ① F119

中国版本图书馆 CIP 数据核字（2020）第 077614 号

枪炮、经济与霸权：谁在争夺世界经济的铁王座

作　　者：李伯重、韦森、刘怡 等
责任编辑：张　霆　哈　曼
出版发行：现代出版社
通信地址：北京市安定门外安华里 504 号
邮政编码：100011
电　　话：010-64267325　64245264（兼传真）
网　　址：www.1980xd.com
电子邮箱：xiandai@vip.sina.com
印　　刷：三河市宏盛印务有限公司

开　　本：710mm×1000mm　1/16
印　　张：17.5　　　　　　　　字　　数：230 千
版　　次：2020 年 7 月第 1 版　　印　　次：2020 年 7 月第 1 次印刷
书　　号：ISBN 978-7-5143-8535-9
定　　价：49.80 元